仕事の9割は世間話

高城幸司

日経プレミアシリーズ

はじめに

「世間話をしないとは、あまりにもったいないな」

と感じる場面に遭遇することがよくあります。世間話が仕事の成果を導く大切な役割を担っていることに気付いていないからでしょう。周囲を見回してみてください。

◆注目のトップセールスマン
◆同僚からの信頼が篤い社員
◆上司に仕事を任される先輩

と、活躍している人々は皆、「昨日の日経新聞で面白い記事を見つけましたよ」のように、世間話を相手に切り出しているはずです。

世間話は仕事の成果を生み出す引き金になります。「仕事に世間話は必要か」と問われれば、間違いなく「イエス」です。理由は簡単、仕事は自分一人ではできないからです。

営業場面なら「お客様・外部パートナー」、社内関連なら「上司・同僚」のように周囲の誰かと関わりながら進めます。そして、仕事には打ち合わせが不可欠です。初対面なら自己紹介、続いてヒアリング、提案、すり合わせを行います。さらにその打ち合わせの大半は対面して行います。

例えば、

◆来期予算の打ち合わせ
◆プロジェクトの進捗報告
◆お客様から結論をいただく場面

などです。

これだけネット環境が発達しても「メールか電話で済ませましょう」とはならない打ち合わせが仕事の多くを占めています。ですから、ビジネスパーソンのスケジュール表には面会予定がびっしり並んでいます。

仕事には、会わなければ埋められない「障害＝ボトルネック」があります。その障害とはなんでしょうか？　「この人に仕事を任せて大丈夫かな」「この商品は購入しても問題ないかな」「この会社と付き合っても平気だろうか」と感じる不安や心配です。これらは対面して話し合うことによって、「相手の真面目な仕事ぶりがわかった」「心配な点を事細かに説明してくれたので安心した」と、解消されます。

では、どんな話し合いをすればいいのでしょうか。説明や提案を何度も繰り返したり、わかりやすい図を使うというようなことではありません。まずは世間話をすること、世間話によってどのような場の雰囲気をつくるか、にかかっています。本題でうまく話をしたり、気の利いた企画書を準備するよりも、世間話の内容のほうが仕事の成果を大きく左右します。

ビジネス界で活躍する諸先輩方は皆さん、このことに同意してくれるはずです。「仕事の結果は世間話で決まっている」と断言する人もいるほどです。

ところが、大半のビジネスパーソンは、世間話の重要性に気づいていません。一例を紹介しましょう。

「そう言えば、手作り弁当で一人ランチする男子社員を公園のベンチでよく見かけるようになりました。昔ならあり得ない光景ではないですか。でも、気になって理由を考えてみると、節約のためとしか思えません。Dさんなら、どんな理由だと思われますか？」

取引先のSさん（27歳）が仕事の打ち合わせを始める前に営業担当のDさん（26歳）に対して世間話を始めました。さて、あなたがDさんなら、どのような気持ちを抱きますか？

感想①無駄な時間だ
感想②目的は何だろう
感想③気が利く奴だ

ビジネスパーソンに取材して聞いてみると、①または②と答える人が過半数。さらに理由を訊ねると、「打ち合わせは短くすませるように上司から指導されているから」「仕事と関係ないと思うから」と、合理性の追求を掲げて世間話をネガティブに捉えているようでした。

こうした傾向は近年、顕著になってきました。

先日も象徴的なシーンに遭遇しました。あるメーカーで若手営業に向けてコミュニケーション研修を行っていたときのことです。

「お互いが打ち解けるために世間話は重要です。訪問前に話題を考えて準備する習慣をつけてください」

と仕事の進め方について、《世間話→本題→結論》という3つのステップを踏むことの大

切さを話しました。さらに世間話について
「世間話とはアイスブレイクとほぼ同じ意味です。アイスブレイクという言葉を字義通りに解釈すると、氷のようになった重い雰囲気を壊すこと。お互いが話しやすい話題を提供して本題を進めやすくします」

と解説を加えました。約4時間、休憩を挟みながら進行したプログラムが終了する前に「何か質問のある人はいますか?」と受講者に質問を促しました。すると「よろしいですか」と20代前半と思われる若手社員の手が挙がりました。そして、

「世間話など不要だと思います。おそらく受講している人の大半が同じ意見じゃないでしょうか? 試しに聞いてみてくれませんか」

と発言しました。

そこまで言うなら……と、受講者30名に「世間話など仕事で不要だと思う人?」と質問すると、驚くことに20名以上が手を挙げました。この結果には少々驚いたものの、実態を痛感するいい機会になりました。

私は素直に気持ちをぶつけてくれた受講者に感謝の言葉を述べつつ、

「本音を聞かせてくれてありがとう。感謝しています。ただ、残念ながら世間話は仕事で必要です。むしろ本題より重要かもしれません。その理由をこれから説明しましょう」

と世間話の重要性を解説しました（ここでの内容は本書で紹介します）。最後には、受講者の皆さんも世間話について誤解をしていたことを理解してくれました。「これまで会社で世間話の重要性を誰も教えてくれなかった」とコメントしてくれた人も多数いました。メール文化、少子化、個別指導化などの背景から、以前は誰もができていた世間話も、教えてもらう必要がある時代になったことがわかる出来事でした。

さて、ここで先の話題に戻りましょう。Sさんはなぜ、世間話をしたのでしょうか？　無駄な時間を過ごしたかったからでしょうか。そんなはずはありません。仕事の本題に入る前にお互いにしっくりこない関係を円滑にすべく、「和み」の話題を提供したのです。Dさんはもともと仕事の本題にいきなり入るタイプ。杓子定規な説明ばかりするので「親しみを感じない」関係を脱することができない状態でした。そこで、お互いの距離を埋めるべく世間話を切り出してきたのです（ありがたい相手ですね）。

ならば、ここは、

「健康志向、ダイエット志向の男性が増えたじゃないですか。それも背景にあるかもしれませんね。ちなみに私も時折、自分で弁当をつくりますよ。ちっちゃい鍋で玄米を炊いて、残りは夜に食べるようにしています」

と答えれば、自分の人間性を伝えることができて、お互いの距離が近くなることでしょう。そう、世間話で仕事の展開は大きく変わるのです。

「世間話がつまらないと二度と会いたくない」と語ってくれたのは日本を代表する製造業の大社長です。「本日は午後から雨が降るみたいですね。社長はどのように予想しますか？」と、本題につながる意図が見えない話題を切り出すようなら、再会はできないということでしょう。このように世間話は重要、されど本題との「つなぎ」ができなければ逆効果になることもあります。

私の知人に「打ち合わせ時間の9割が世間話」、にも拘わらず、営業成績はトップクラスというセールスマンがいます。

「この間、ご紹介いただいたイタリアンレストランでランチ食べてきました。さすが、おいしかったですね。特に感動したのは……（中略、ランチの店について議論50分）。ところで、新しい商品が出ました。キャンペーンをしていますので、お試しで注文お願いします」

と、打ち合わせ時間で本題に費やした時間はわずか5分。それでも仕事が取れてしまうのは圧巻です。しかし、ここで仕事の話題を9割したら、売り上げはさらに上がるのでしょうか？　むしろ、逆に下がってしまうはずです。

彼は一見、仕事と関係ないランチの話題でお互いの気持ちを開放し、提案を受け入れやすくしているのです。まさに世間話は仕事の成果を高めるために大きく貢献しています。

職場では世間話を巧みに操るための「段取り」を誰も教えてくれません。これまでは仕事の経験を積む過程で自然とできるようになると思われてきたからです。本書は効果的な世間話によって場の雰囲気をつくり、ビジネスの本題へとつないでいく方法を読者に紹介すべく執筆しました。本書によって世間話を巧みに操り、仕事に活かすきっかけを見つけていただければ光栄です。

目次

第4章 では、何を話題にすればいいのか?

序　章

なぜ、世間話が大切なのか

世間話は仕事の重要な一部

「世間話なし」で仕事に突入するビジネスパーソンが増えています。まだ、会って数分。お互いに堅い雰囲気なのに大丈夫でしょうか？　彼らはそれが正しい仕事の進め方と思っているから「では、本題に入りましょう。提案書をご覧ください……」となるのでしょうか。「初対面なのに自己紹介もせずに本題を話し始めて面食らった」と答えてくれたのは、総合商社で人事部に勤務するＣさんです。

これまで仲良くしていた求人広告の営業担当が異動になり、後任がやってきました。「前任とは仲良くても、君とは初対面だろっ……」と心のなかで叫んだそうです（ちなみに取引関係は徐々に薄れていったようです）。このように世間話を軽視する仕事のやり方は明らかに増えています。一方で、この風潮に対して違和感を覚える人も少なくありません。

筆者も先日、そんな違和感に遭遇しました。相手は私の経営する会社から生命保険のセールスに転職したＤさんです。きっかけは《ご無沙汰しております、久々にお目にかかりたく連絡しました》と送られてきたメールでした。元気で頑張っているのかな、と心配していたので、近況も聞きたくて会うことにしました。当然、保険の売り込みもあるだろう……くらいはわかっていました。

しかし、Dさんは会って1分も経たないうちに、「ご無沙汰しています。まずはアンケートに回答いただいてもいいですか？」と切り出して、私をビックリさせました。当方は転職した5年間で何を体験したのか、成長ぶりが楽しみだったので、愕然としました。そんな戸惑う相手に気づく気配もなく、Dさんはアンケート用紙を差し出し、書き方の説明を始めました。2ページ程度のアンケート用紙には家族構成、現在加入の保険の保障内容、月々の保険料、妻の加入状況、生命保険に対する考えなどを記入するようになっていました。明らかに具体的な提案をするためのヒアリングが目的でした。

筆者はこの展開に驚いて説明を遮り、「アンケートもいいけど、近況を聞かせてくれないか？」と切り出しました。すると、Dさんは困った顔をして「アンケートを書いていただかないと困るのです」と返答。どうしてもアンケートに答えさせたいのでしょう。

そこで「何でいきなりアンケートに答えなくてはいけないの？」と問うと、「提案ができないからです」と切り返してきました。

会話はぶつ切り、お互いがいる場は冷え切った雰囲気が立ち込めています。それでも、場の空気を和ませよう……と気を使って世間話をする気はさらさらないようでした。「是非、アンケートを書いてください」と促されるだけでした。

これは困った状況になりました。保険の売り込みのためだけの訪問なら、会っていても仕方ありません。「アンケート書いても保険には絶対に入らないから無駄だと思うよ」と断言しました。するとDさんは悲しそうな目をして「じゃ、出直します」と、机に並べた関係資料を片付けて帰っていきました。

「今後が心配だな」と気になったので「お互いのことを分かり合える時間を大事にすべきじゃないかな」と帰り際のエレベーターでアドバイスしました。なんとなくDさんの後ろ姿が寂しそうだったのが気がかりで、モヤモヤだけが残る再会となってしまいました。

ただ、Dさんは元部下。できれば活躍してほしいと願う気持ちで一杯ですから、「冷たい対応だったかも」と気になって仕方ありません。Dさんに連絡しようかと悩む数日が過ぎていきました。

すると、タイミングよくメールが届きました。《先日は大変、失礼しました。会った人にはすべてアンケートに答えてもらいなさい……とキック指導されているのです。それじゃ信頼関係なんて生まれませんよね？　大いに反省する機会となりました》

仕事の進め方で改めるべき点に気づいたのかもしれません。その後、Dさんは再訪。慣れない業界での苦労話や優秀セールスとして表彰されたことなど近況を話してくれました。その後に「ところで御社はいかがですか？」と聞いてきたので、新たなビジネス展開などを紹介しました。まさに世間話に花が咲いた状態です。気が付けばお互いに笑顔が出る和やかな雰囲気に包まれました。前回とは雲泥の差です。そんな和んだ雰囲気だったからでしょうか、私は「じゃ、アンケート書こうか」と切り出しました。

Dさんは驚いた表情をしたものの「いいんですか」とうれしそうにアンケート用紙をカバンから出して手渡しました。私はその場でアンケートを書き、その後も世間話は続きました。約40分経過したところで面会は終了。

後日、Dさんから保険の提案をいただき、契約をすることになりました。契約後に「世間話は仕事の一部だと痛感しました」というメールが届きました。Dさんとはその後も付き合いが続いています。

このようにお互いの面識がある関係でも世間話は必要です。世間話は仕事の本題に向き合う場づくりを担っているのです。安易に省いて本論に突入するのは避けたほうが得策です。

本題につながるならば無駄話ではない

世間話を省く理由をビジネスパーソンに訊ねてみたところ、「世間話は何も生み出さない＝浪費する時間」と決めつけているのが大方の理由でした。確かに「暑いですね」とか「雨になりましたね」といったお天気の話だけなら、無駄な時間に過ぎないかもしれません。この話題には本題とつながるような、次の展開が何も見出せないからです。「そうですね」「雨ですね」と答えが返ってくるだけです。お互いの理解度は深まりませんし、信頼も高まりません。逆に「そんな無駄話はいいから」と相手を苛立たせるだけかもしれません。

あなたがこうした無意味な世間話しか聞いたことがないとすれば、浪費時間だと思うのはもっともかもしれません。ただ、それは誤解です。本題につなげる意図が明確にある世間話ならば、限りなく仕事に有効です。極論を言えば、「本題につなげる意図がある」＝世間話、「本題につなげる意図がない」＝無駄話なのです。

さて、ここで少々脱線します。無駄に対する誤解についてです。最近、時間の有効活用を紹介したビジネス書がたくさん発売されています。スケジュール管理、朝の活用、仕事の分類法など様々なテーマの本が書店に並んでいます。これらを読んで時間を有効活用する意識が高まるのはいいことですが、極端な合理主義的発想になるのは避けましょう。

時間活用法のビジネス書を読み過ぎて、本当に大事な仕事まで排除し、周囲から総スカンを食った知人がいます。彼は仕事を頼まれると「これって自分がしなければいけない仕事ですか？」と常に返答するので、「頼みづらい奴」と烙印を押されてしまいました。注意したい例です。

本題に戻りましょう。天気の話といっても「意図」をもって話題にする人がいます。例えば「平均気温が1度上がると、どれくらい御社の製品の売り上げに影響するのでしょうか？」と質問してみたら、どうでしょうか？　相手に対する関心を示すことにつながりませんか？

世間話という言葉は、何となく軽いイメージを持たれがちです。ところが、世間話ほど深く仕事に直結しているコミュニケーションはありません。これから仕事と世間話がつながる背景や手法について徐々に紹介していきたいと思います。

世間話を無駄と考えている人は考え方を改めましょう。また、世間話が苦手な人は本書を読んで活用法をマスターしましょう。きっと仕事しながらみえている世界が変わってくるはずです。もちろん、大きな成果を得ることは間違いありません。まずは世間話は仕事の一部と認識しましょう。

営業指導の核心は世間話力にある

先ほど登場したDさんは営業の仕事ができない人物ではありません。決められたルールには忠実に行動できるのですが、「自分で考えて行動しなさい」と指示されると戸惑ってしまうタイプです。そんな人にとって、世間話は即興＝アドリブを要するので避けたいと感じていたのかもしれません。

アドリブとは音楽や演劇において出演者が台本にない台詞や演技を即興ではさむこと。ラテン語の「アド・リビトゥム」(ad libitum)の略語であり、もともとは「お好きなように」の意味です。よく言えば自由に勝手にやっていいパート。悪く言えば、何をしていいかわからないパートです。アドリブといって思いつくのはジャズです。格好よくソロでアドリブ演奏する姿をホテルのラウンジなどで見かけますね。

もっとも、そんなアドリブにもルールがあります。あるジャズアーティストに聞いた話ですが、アドリブと言ってもコード、フレーズをいくつか準備し、そのなかから選んで演奏するそうです。あくまで準備（練習含む）がなければアドリブもできません。

日本の代表的な古典芸能である落語の師匠にアドリブについて訊ねたところ、同じような答えが返ってきました。「落語は同じ噺を繰り返ししゃべりながら、いつでも今思いついたように話すことが肝心。なので、噺の筋道はいつも同じで合間に変化をつけたりする。それがアドリブ」。あくまで準備が万全にできていなければ、アドリブで笑いは取れません。世間話も同じです。準備なしの世間話は効果を発揮しません。

まず、できるだけ①話題の引き出しと②シナリオを準備しましょう。以前は営業職の仕事はアドリブがすべて……と思われていましたが、最近ではマニュアル化を進める企業が増えています。例えば、

◆提案書は会社が準備したテンプレートを使うこと

◆見積もりを提出後、24時間以内に結論を確認すること
◆値引きは5％まで、それ以上は課長決裁とすること

などです。さらに商品説明はタブレットPCを使って動画で説明します。「こちらの映像をご覧ください」と言ったら、あとは映像が終了するまで待つだけ。金太郎飴とまでいかなくても「言われた通りに仕事しなさい」と指示する営業スタイルが主流になりつつあります。昔なら「とにかく、売ってこい」と、野に放たれた野生動物のような放任プレーが当たり前でした。大きな変化とも言えます。

ならば、マニュアルに従えば誰でも同じくらいに売れるのかと言えば、そうではありません。誰もがマニュアル通りに行動しているはずなのに、結果には差が出てしまいます。それも大きな差として。

一例を紹介しましょう。ある会計ソフトの会社では、入社1年目の夏まで商品知識を学ぶ研修を行い、秋から新規開拓を行うのを慣例としています。以前なら「好き勝手にやりなさい」と放任型で成果を競い合うのが当たり前でした。ところが時流に沿って「行動マニュアル」を提供し、基本行動を指導してから現場の実践が行われるようになりました。

2回目の訪問ができるかどうかがカギ

ところが、成果の差は開くばかりでした。放任型の時代以上に「売れている営業」と「あまり売れない営業」で差が出てしまいました。ある会社の、新入社員を育成する部門である人材開発の責任者は「これでは再び放任型がいいと経営者が言い出すかもしれない。しかし、今時の新入社員を放任型で育成したら潰れてしまう」と危機意識を感じていました。

そこで原因を調査したところ、「初回訪問に続いて2回目の訪問ができない営業は、売り上げが伸びない」ことが明らかになりました。

営業の新規開拓においては、初回訪問は提案するシーンでなく、お互いの信頼関係を構築することが重要です。まずは「また会ってみたい」と思わせるきっかけづくりに注力します。そのきっかけとなるのは、商品パンフレットを事細かに説明できることや、名刺交換の立ち振る舞いではなく、自分をさらけ出し、相手にも自分をさらけ出してもらえる話題を提供できることです。

お互いのこと（会社および個人）について理解が高まりさえすれば、「次回に簡単な提案書を持参させてください。来週あたりでいかがでしょうか？」と切り出して、「来週の木曜日の午後くらいがいいかな」と返答いただき、2回目に進む可能性が大きくなります。ところが、お互いが事務的な関係にとどまり、「別の誰かに相談すればいいな」と相手への関心度が低いままなら、「何かあればこちらから連絡するから」と2回目のアポイントをもらえなくなるはずです。いくら粘っても、「もういいから」と冷たくあしらわれ、次の打ち合わせは「ジ・エンド」と覚悟するしかありません。

2回目のアポイントがとれれば受注できる確率が劇的に向上するので、この会社では「2回目の訪問ができた打ち合わせ数」をＫＰＩ（key performance indicator）、業績向上のもっとも重要な指標と捉えることにしました。

こうなると2回目のアポイントにつなげるべく、相手との関係構築を深める「世間話」が重要と位置付けられ、社内では世間話を上手にできるようになるためのロールプレイングを、人材開発部門が行うことになったそうです。

ちなみに、筆者が取材したネット広告企業のＰ社も新規開拓する営業部隊において、新規開拓の社数ではなく、2回目に訪問する機会を増やすマネジメントを徹底したところ、劇的に業績が向上したそうです。

具体的なマネジメント方法を訊ねてみると、「世間話で何を話すのか、前日の打ち合わせで徹底的に詰めます」とのことでした。一見すると珍しい営業指導ですが、本書をここまで読み進めていただければ「それもアリ」と理解できるでしょう。

「宿題」をもらおう

では、世間話をしながら巧みに2回目のアポイントを引き出すにはどうしたらいいでしょうか？　それは意外に簡単です。あなたが、その場で答えられないことを持ち帰って「宿題」にするのです。相手の悩みや困ったことを聞き出して「それはお困りですね。では、次回までに調べてみます」と回答できればOKです。

宿題のテーマは他愛ないことで構いません。私なら日本酒をテーマに「地元の日本酒が飲めるおいしい居酒屋があるとうれしいですけど、なかなかないですよね」と切り出し、「確かにそうだね。俺の地元の日本酒が都内で飲める店って知らないもの。ちなみに地元は佐賀県だけど」と相手が言い出したら、「確か、ありましたよ。じゃあ次回までに調べておきます」と回答すればいいのです。その後の本題で確実に2回目のアポイントが取れることでしょう。

このように宿題をいただくためには「○○って大変じゃないですか？」といろいろな角度で宿題がもらえそうな質問をぶつけるのが効果的です。日本酒に限らず、「出張の宿探しって大変じゃないですか？」「稟議を通す資料作成って気苦労多いですよね」などと、「次回までに調べます」「紹介できる人を探します」と応じることができる質問をしましょう。

的を射ていれば「そうなのだよね。何か解決方法はあるかな？」と返答があって、「宿題一丁いただき……」となるはずです。ただ、ここで注意したいのは余計な仕事を受けてしまった……と思わないことです。そうとしか思えないのであれば余計な質問はやめておきましょう。確かに仕事と直接関係ない業務をすることになるからです。

例えば「なんでランチのおいしいお店を探さなければならないの」と感じるような宿題をすることになるかもしれません。しかし、そんな奉仕の精神こそ、相手が「また会いたくなる」差別化のポイントです（なかには奉仕の精神が高すぎる業界も一部ありますが）。

考えてみてください。自分に対して役に立ちたいと意思を示している人を拒絶するでしょうか？　立ち振る舞いに商売っ気が出過ぎて「こいつは胡散臭い」と思われたらわかりませんが（注意しましょう）、宿題をいただけば2回目のアポイントに進める確率はかなり高いはずです。

筆者も奉仕の精神を意識することで仕事が大きく展開する経験を何度もしました。ちなみに持ち帰る宿題で一番多いのはビジネスのアイデアです。「商品をリニューアルするのだけど、改善ポイントが整理できないんだよね」「同業他社に負けない価格にするにはどうしたらいいのか悩んでいる」。もちろん筆者はマーケティングやコンサルティングの専門家ではありませんが、それでも自分なりの視点で考えて回答することはできるはずです。

例えば、担当した菓子メーカーからバレンタインの新商品の意見を求められた時には、社内の女性社員を集め意見をまとめて問題提起書を持参しました。これは大いに喜ばれ、最終的に大きな注文をいただくことができました。

このように宿題を持ち帰ることのできる質問を相手にすることは、仕事を前進させる有効な手段です。もっとも「確かに困っているのだよね。相談してもいいかな？」と答えが返ってくるような気の利いた質問をするのは簡単ではありません。相手のことを十分理解することに加え、今どきの世間情勢をつかんでおく必要があります。

質問するテーマを探す情報源として一番手軽なのは新聞（日経新聞など）かもしれません。朝に新聞を読む際に漠然と読むのではなく、

◆相手の会社に関するニュース
◆相手の業界に関係するニュース
◆相手の部門に関係するニュース

に注目して「〇〇って大変じゃないですか？」と質問を考えてみましょう。何も情報がない状態とは雲泥の差で思いつくはずです。

例えば、あなたが飲食業界の企業を担当している営業職だとしましょう。訪問当日の朝に日経新聞を読んで、世間話にする話題を探していたところ、「外食産業など個人消費の売上高速報によると東日本大震災後に消費マインドが大きく変化。『絆』需要で高額品が堅調な一方、低価格の牛丼チェーンが好調に推移するなど、めりはりをつけた『消費の二極化』が進んでいる」という興味深い記事を発見しました。

この記事をテーマに考えたのが「今朝の日経新聞にも掲載されていましたが、消費の二極

化が進んでいるようですね。商品開発は大変じゃないですか？」という質問です。そして相手の悩みを聞きながら持ち帰れる宿題を探します。

例えば「同僚に震災以後に消費動向が変わったかどうか聞いてみましょうか？」とぶつけてみてはどうでしょうか？　必ずしも「では、よろしく頼む」とはならない可能性もありますが、奉仕の精神を示すことで驚くくらいに2回目のアポイントが取れるはずです。

ところで「なんでもいいから世間話をしてこい」と上司に言われただけで、取引相手と世間話に花を咲かせる営業マンはめったにいません。ところが、古い営業手法に慣れた管理職には「俺が若い時代は世間話なんて当たり前にできた」と断言する人が結構います。

でも、考えてみてください。少子高齢化が進み、ゆとり教育世代が社会人となった現代においては、営業指導をルール化しなければ、部下は実行できません。逆にいえば、世間話といってもルール化をしていけば、効果的な営業手法になるはずです。

結論を急ぐ合理主義者の誤解

曖昧な発言は誤解を招くことがあります。例えば「できればお願いしたい」と言われた時に「強くお願いされている」と感じる人と、「軽くお願いされた」と感じる人が両方いるはずです。こうした曖昧な言葉は相手に察してもらうことを前提にして使われてきました。

これらは「お手間をとらせますが」「お差し支えなければ」「ご迷惑かとは存じますが」など、敬語の領域にあるクッション言葉の一種とも言えますが、相手に間違った認識を与える使い方であれば、避けたいものです。他にも「善処する」「推進する」「可能な限り」と、曖昧な言い回しはたくさんあります。

そんな曖昧な言葉で混乱をきたさないように「測定不可能なワードは使用不可」と決める企業が出てきました。納期を決める打ち合わせで「可能なら」と発言されても困るからです。もっとも、こうした曖昧な言葉を駆使したがる人は少なくありません。

その理由は最終的な責任を回避したいからです。「極力善処します」と回答しただけなら、できなかったとしても「やるだけのことはやりましたが、無理でした」と責任を回避できます。逆にできた時には「約束は守りました」と胸を張れます。要は都合がいい表現法なので、つい使いたくなるのです。

しかし、できれば「いつまでに」「何を」「どうするのか」と、発言した内容について後から測定可能なコミュニケーションをしたいものです。以前に比べれば職場で曖昧な言葉を使ってお茶を濁そうとすると、「『推進する』では、よくわかりません。具体的な内容を明示してください」と教育的指導が入るようになりつつあります。

筆者が取材したある文具メーカーでは、会議で曖昧な言葉を使わないようにNGワード集を配布して、誰もが仕事にコミットする（責任を負う）風土づくりを徹底し、業務効率が大幅に上がったそうです。素晴らしい取り組みです。

こうした取り組みは望ましいことですが、よく似ているようで悩ましいのが、結論を迫りすぎるコミュニケーションです。仕事ですから最終的には合理性が求められます。が、その前にお互いの信頼関係がないと何も進展しません。

先日、取材した企業で合理性を追求しようとして大失敗した営業マンに遭遇しました。食品会社に勤務するSさん（32歳）は営業職に転向して1年目。それまで経理部門の経験が大半で相手と接する仕事は初めてでした。それでも商品情報など必死に勉強し、現在は1人で担当相手とやりとりできるようになりました。さらに几帳面な性格から「Sさんは約束したことを確実に守ってくれる」と評価してもらえるまでになってきました。ただ、ここで大きな落とし穴に落ちるとは、Sさんも想像していませんでした。

営業職の真価が問われた新商品キャンペーン

ある時、社内で新製品紹介のキャンペーンが開催されることになりました。営業担当者別に売り上げ目標が決められ、順位を争います。こうしたキャンペーンに参加するのは初めてだったSさんは、少々戸惑いを感じていました。

これまで相手から要望された商品を的確に納品することで信頼を獲得し、新たな注文をもらってきたのが実態だったからです。Sさんは自ら新商品を紹介して売り込んだことがありません。「どうしたらいいのだろうか?」と悩むものの、社歴を考えれば上司に相談する立場でもないだろうと、Sさんなりの行動を起こしました。

まずは取引先を訪問しました。「Sさん、本日はどうしたの?」と声がかかります。そこで「新商品が発売になるのでご紹介に伺いました」。ここまで何の問題もありません。Sさんがキャンペーン価格の書かれたチラシを説明すると、「わかった。じゃ考えておくよ」との返事でした。その後に訪問した別の取引先も同様に「考えておくよ」と返事するケースが大半でした。こうして1日かけて担当するすべての相手にキャンペーンの案内を行いました。あとは相手からの注文を待つだけです。

ところが1社も注文が来ませんでした。これにはSさんも困り果てました。キャンペーン終了まであと3日しかありません。同僚は次々と注文を取ってきます。心配した上司は「待っていても、注文は来ないぞ。自ら取りに行く勇気が必要だ」と指導。するとSさんはこの教えの通り「ご注文をいただけませんか?」と、結論を迫る営業を一気に開始しました。

すると、これまで従順で真面目なスタンスに好感をもっていた取引先は困惑した表情を示しました。「急に言われても注文の予定はないよ」。ついにキャンペーン最終日になっても注文はゼロ。Sさんは断られても、「注文はございますか」と連絡・訪問を繰り返しました。

結局、注文はゼロでした。さらに無理な営業に対し取引相手からのクレームが山のように舞い込みました。Sさんは営業の仕事に自信をなくして辞表を提出し、引き留められて経理部に出戻ることになりました。

Sさんは「上司に言われたように結論を迫っただけなのに、何が悪かったんだ」と、1年間の成果をぶち壊されたキャンペーンに恨みを感じている様子でした。

しかし、振り返ればSさんは相手からの注文をこなしていただけで、それ以外の世間話は皆無でした。ある取引先では「営業さん」と、名前さえも覚えてもらえていない状態でした。これではお互いの信頼関係などゼロに等しいと言っても過言ではないでしょう。Sさんはキャンペーンに遭遇して初めて、営業としての技量を求められたのかもしれません。

さて、営業は自分本位の合理性で事がうまく運べるような甘い仕事ではありません。「この商品を私のために買ってください」は通用しません。ですから、相手の事情を把握しておくことが重要です。その上で「いい商品があります。まさにピッタリです」と相手本位の合理性を成立させなければ売れません。相手本位の合理性とは何なのかを把握するために、営業は取引相手と世間話をする必要があります。相手を知らないのに無茶振りをしたら叱られるだけです。

「○○さんの話なら聞いてみよう」という信頼関係を地道につくる努力を心掛けたいものです。

不用意な話題は場を凍らせる

「そう言えば、御社の社長が代わりましたね」「海外部門は売却してしまったのですか？」と相手の会社のトピックスを質問するのも効果的な世間話の手法です。もっとも、相手にとって聞かれたくない内容もあるので、不用意に質問して気分を害するのは避けましょう。

人は誰にも聞かれたくないことがあります。例えば、あなたが学生時代に長年お付き合いした彼女と別れたとします。その別れたばかりのタイミングに「どうして？」と理由を聞かれても、答えに窮するだけです。とても話す気分になれないでしょう。時間が経てば「一方的に振られたのだよ」と言えることも、直後なら黙り込むだけかもしれません。

世間話のテーマ選定も同じです。相手が話しやすい、当事者意識をもって積極的に発言できるテーマを題材にしましょう。ですから「社長が退任すると2ちゃんねるで話題になっていましたね」などと、公表されていない噂話の真意を質問するのは徒労にしかなりません。

筆者もリクルート社に勤務していた2001年頃、知人の経営者と打ち合わせしていて、「そう言えば、リクルートはソフトバンクの孫さんが買収を表明したらしいね。聞いたよ。本当なの？」と質問された時には、答えに窮しました。そのニュースソースが「どこかの誰かのブログでみたのですが」と、あまりに曖昧でした。さらにダイエー社の資本からの自立を目指していた時期に、意欲を削ぐような話題です。

私は質問をしてきた相手に対して、いい印象を持つことはありませんでした。その相手の仕事を徐々に減らした記憶があります。このように相手にとって、気分を害する話、動揺する話、場が凍るようなテーマは避けましょう。例えば、ネガティブな出来事（業績の下方修正、大幅な赤字決算など）、役員の降格、解任（不祥事などによる人事など）、ライバルのめでたいトピックス（業界シェアの逆転など）はやめましょう。

ところが、空気を読めずに場を凍らせる人は結構います。私の職場でも、そんな〝KY〟な世間話を平気でする部下がいました。ちょうど、正月の挨拶に取引先に伺った時の話です。「昨年はお世話になりました。今年もよろしくお願いします」と挨拶した後、今後取り組む新規事業について新聞に書かれていた記事をテーマに質問をぶつけたところ、「あの記事は記者が膨らませて書いているだけ。まだ、構想段階です」と返答をもらい、実際の状況など教えていただき、場の空気は大いに和んでいました。

ところが、その空気を瞬間で凍らせるような話題を部下が切り出しました。「そう言えば、アジアの事業が大幅な赤字で、撤退もありと記事に書かれていました。あれは本当ですか？

だとすれば、今後の海外戦略はどうなるのですか？」。海外事業は大失敗で担当役員が更迭、場合によっては株主の変更もあると思われる厳しい問題について、現場の担当者に質問をぶつけても答えられるはずはありません。

担当者は凍りそうな場を繕おうと必死で、「海外戦略に関しては管轄外なのでよくわかりません。大赤字になるとボーナスが減るので困りますよね」と苦笑いするだけでした。私は何とか話題を逸らした次第です。

その打ち合わせの帰り道に「何であんな無茶な質問したのだ」と聞いてみると、「聞きたかったからです」との回答。これには呆れて「おまえは芸能記者か！　興味本位で相手を困らせるような質問をするな」と注意しました。

世間話の話題は自分の興味本位ではなく、関係構築の一環として考えるべきです。世間話はあくまで次の仕事につながるきっかけであり、気持ちよく話せる話題に限定しテーマを選定しましょう。

ちなみに場の空気を一瞬にして凍らせた部下は、真面目で勉強好きでした。大いに反省して、次回以降、的確な世間話によって巧みな関係構築をするようになりました。

世間話は「狙い＝目的」が必要

「世間話で1時間も盛り上がってしまった」。そんなことがあってもいいのでしょうか？
筆者の知人で世間話が大好きな人がいます。仕事は管理部門の採用担当者です。求人広告の営業に行くと、1時間どころか2時間近く付き合わされることもあります。とにかく博識でおいしい飲食店情報から映画、旅行、文学と趣味も多彩です。

そこでマイブーム（自分自身の関心度の高いテーマ）を題材に、訪ねてきた営業と世間話をするのです。「いいかい、最近の日本映画はまずい方向に向かっていると思わないか？」。これは深夜の居酒屋でなく昼間の応接室でお茶1杯のお付き合いの場です。相手はたまったものでないでしょう。さらに困るのはこうした世間話の付き合いと仕事にはまったく相関性がないことです。彼は聞き上手な営業マンを見つけるとトコトン話を続けます。

ある時オフィスを訪ねたら、彼は若手の営業に対して熱く語っている最中でした。話を聞いている若手営業マンは「早く解放してくれ」と願う態度がありありでした。それでも気にせずマシンガンのように語気荒く、世間話を続ける光景は妙でした。

そこまで長時間にならなくても「長すぎない？」「意味あるのだろうか」と思う世間話をする人がいます。何となく仕事で出会った人に対して親近感を感じ、友達感覚で会話してしまうタイプです。「聞いてください。地下鉄でおかしなカップルに遭遇しました。それが……」と、明らかに仕事と関係ない話題で盛り上がってしまいます。あくまで仕事上の世間話には「目的＝狙い」が必要です。その狙いに向かって戦略的に行われることがベストです。

そこで、この項では世間話をする場合に知っておいて欲しい「狙い」の設定をテーマに書いてみます。そもそも世間話の役割は仕事の「本題」をスムーズに行うためのつなぎです。例えば、相手に「話を聞こう」「信頼できる」と思ってもらえる場づくりのため、「株主総会お疲れ様でした。会場手配や出席者の予測が難しそうで大変ですね？」と相手の仕事ぶりを称え、関心を示す質問をしたりします。

整理をすると、

◆ラポール構築（話を聞きたくなる場づくり）
◆本心を聞き出す（悩みや文句、要望など）
◆トスアップ（本題の重要性を認識させる）

という3つの「狙い」を設定します。この「狙い」に向けて話題を提供します。そして、仕事の本題にバトンタッチしていきます。ここで世間話のお役は御免になります。もし、世間話が盛り上がっても「下世話な話ばかりする奴」と仕事上の評価が下がるのならば、この世間話は役に立っていないことになります。

あくまで「狙い」に向けて戦略的な世間話をしていきましょう。会話に酔って自分を見失うことだけは避けたいものです。冷静に仕切る気持ちを心掛けてください。

私は「ゲストは○○部長。冒頭に5分で気持ちを盛り上げて、そのあとに契約の話をする」のように、テレビの対談番組でゲストを仕切るつもりで世間話をするようにしています。みなさんも試してみてはいかがでしょうか？

「狙い」を目指して段取りを準備

ゲストを仕切るつもり……と書いて思い出しましたが、以前、ＦＭラジオのパーソナリティをしたことがあります。期間は約1年間。弁護士、コーチングの指導者、経営コンサルタント、作家、エッセイストなど各界で活躍するプロをゲストにお招きした対談番組を仕切りました。

ベストセラーを出版した予備校講師の安河内哲也さん、『IDEA HACKS!』が大ベストセラーになった小山龍介さん、ジャーナリストとして大活躍中の佐々木俊尚さん、経済評論家の藤沢久美さんなど、名前を挙げたらきりがありません。この番組をきっかけにビジネス書を執筆する仲間で集まる大がかりな会合がスタートするなど、忘れられない経験を数多くさせていただきました。

番組では「ゲストは和田裕美さんです。本日は営業力についてお聞きします」と、ワンテーマを掘り下げます。持ち時間は15分。十分な時間があるとは言い難い条件でした。

しかし、時間がないからといって「本日のテーマについてお聞かせください」といきなり本題から入るのは無理があります。そこでお互いが和むためにオープニングトークという時間を設けました。これはある意味「世間話」です。一度これをせずに対談がギクシャクして終了した苦い経験があったからです。オープニングトークは毎回2分くらいで、他愛もない話題に時間を費やしました。

なぜオープニングトークが必要だったのでしょうか？　理由は簡単、ゲストが緊張しているからです。大抵のゲストとは本番で初対面の状態です。ラジオ出演が初めての方もいます。加えて、多忙な方ばかりで、前の仕事のことを引きずっている状態だったりします。

例えば、「ギリギリの到着になり、すいません」と、本番収録の5分前にスタジオにやってきた弁護士のGさんは、つい先ほどまで複雑な裁判の打ち合わせをしていたようでグッタリした様子でした。「元気ですよ」と言うのですが、明らかに疲れている顔つき。そんなGさんに番組でいきなり「では、今回のテーマは個人情報対策です」と切り出すよりは、気分転換ができる明るい話題で盛り上げる必要があります。

私は「最近はヨットに乗っていますか？　自慢のクルーザーにいつか乗せてください」と気軽に話せる話題を少ししてみました。すると「相変わらず湘南あたりでセーリングしていますよ。暖かくなったら、是非とも招待させてください」。Gさんは私の質問に答えつつ、すっきりと明るい表情に変わっていきました。それから本題に入りましたが、大いに盛り上がる対談となりました。収録後にはGさんから「冒頭の世間話に救われた。ありがとう」とお礼の言葉をいただきました。やはり、気分転換が必要だったようです。

ラジオ番組のオープニングトークも世間話を仕切るポイントも同じです。具体的には段取り力です。①持ち時間を設定する②ゴールを設定する③質問項目を準備する、この3つを漏れなく準備することが大事です。仮にアポイントが30分しかないのに、世間話に15分以上も費やしたとしたら最悪です。

そこで「本日は3分で切り上げる」と目安を決めておくのです。できれば世間話を切り上げる「きっかけ」も想定しておいたほうがスムーズにいくはずです。ラジオ番組ほど細かな時間管理は不要ですが、それでも仕事の打ち合わせには持ち時間があります。段取りを準備することによって世間話はより有効に機能します。

世間話で仕事は様変わりする

ここまで書いてきたように世間話によって仕事の成果は大きく変わります。さらに言えば成果を左右する最重要な武器とも言えます。ただ、冒頭に登場した元部下のように世間話を一切しない人。あるいは、「世間話で仕事の成果なんて変わらない」と思っている人もかなり多いはずです（この話題はくどいくらい登場します。お許しを）。

ここまで本書を読んでも「世間話なんて……」と読者の意識は変わっていないかもしれま

せん。でも、さらに読み続けていただくために改めて「世間話で仕事の成果が大きく変わる」と断言したいと思います。

その理由は経営者に聞けば明らかです。本書を執筆するために取材した経営者に「人を何で見極めますか？」と訊ねたところ、大半の人が「世間話だ」と答えました。有名な経営者と会ってみると、案外気軽な人柄に見えることがあります。ところがそれが大きな罠です。気軽に見えるので緊張が解けて、何気に世間話をしていても「その話しぶりで人物評価をしている」のです。

ある携帯コンテンツを開発している会社の社長は、売り込みに来た営業マンと世間話を3分すれば、①今後も会ってみたい（○）、②二度と会いたくない（×）、と仕分けしてしまうとのことです。「いや、お目にかかれて光栄です。しかし暑いですね」と、意味のない世間話しかしない営業マンであれば、面会時間は瞬間にして終了します。「申し訳ないけど、急な予定が入ったので失礼します」と席を立ってしまうこともあるようです。

逆に○が出れば、面会時間は延長です。即、仕事につながる場合もあるそうです。そんな短期決戦で見極められるとは怖い話です。

筆者も経営者との短期決戦＝世間話の機会を経て、時間延長に成功し、大きな仕事を獲得できた経験があります。ある宅配ピザチェーンの社長とのアポイントの時のことです。秘書からは「15分くらいしか時間がない。しかも、当日急な予定が入って会えなくなる可能性もある」と言われていました。要するに先方にとっては優先順位の低いアポイントでした。場合によっては応接室で名刺交換しかできないことも覚悟しなければいけない状態でした。

ところが「米粉入りでしっとりモチモチしている御社のピザ生地が大好きです。私はトッピングにコーンを必ず注文します。春の新作は何ですか？」と、切り出したところ、社長からは笑顔がこぼれ、「うれしいね。新作は面白いよ」とメニューの説明をしてくれました。

結局、メニュー話だけで30分。その後に創業の背景を質問したところ、その説明で1時間。アポイントは2時間を超えるロングランとなりました。応接室には秘書が何回も登場し、社長からは「断ってくれ」「日を改めてもらってくれ」と指示が飛びます。いくつものアポイントが変更になったのでしょう。結局、その日は会食までお付き合いしてもらいました。面会時間は15分の予定が5時間以上にまでなったのです。

「自分のことをわかってくれようとしている人との時間を大事にしたい」。社長がウルトラ長い世間話にお付き合いくださった理由はこれでした。ちなみに初対面の5時間で仕事の話は皆無。ただし、日を改めた機会に大きな仕事をいただけることとなりました。冒頭の質問がイマイチであったなら、おそらく10分以内で追い返されたでしょう。

このような経験を踏まえると、忙しい人に限って世間話で人を見極めているのかもしれません。いずれにしても何気ない世間話でビジネスチャンスを失うくらいなら、効果的な手法を考えたほうが得策なことをご理解いただけたでしょうか？　次章からはより具体的に世間話の活用法を紹介していきます。

第　1　章

人間関係は世間話から始まる

仕事の話だけではダメなのか？

世間話と本題との関係について考えてみましょう。例えば、取引先を訪問した営業マンが目指す目的は、注文をもらうことです。そのために「事業概要を紹介させてください。続いて商品説明をいたします」と提案活動をします。

あるいは「提案させていただいたプランについていかがですか？」と結論を迫る（クロージングをする）ことで、仕事のスピードを早めることができます。

もし、相手から回答をもらえるまで待っていたら、ライバル、競合他社に出し抜かれてしまうかもしれません。こうした営業活動を円滑にする手段として世間話が位置づけられます。あくまで世間話は本題へのつなぎ役です。もし本題につながらないのであれば、それは無駄話に過ぎません。

ところがあまり忙しくないからでしょうか、時間をつぶしたくて相手を見つけ長々と無駄話をする人がいます。そんな人につかまって無意味な時間を過ごしたくないものです。

例えば、「昨日、食べたラーメンおいしかったよ。君の好きなラーメン店を教えて？」とラーメン話を1時間以上続ける先輩社員のSさん（38歳）。打ち合わせで時間を取らされた後輩はラーメン談議に付き合う羽目になりました。確かにラーメンに詳しいことは理解できたものの、タイムオーバー。「具体的な話は次回」と言われたので「1時間を返して」と嘆きたくなりました。

世間話と無駄話は違います。世間話には意図が存在します。本題を「前向き」「好意的」「円滑」に進めるための雰囲気づくり、場づくりの役割を担っています。ですから本書では「もっと世間話しなさい」と訴えています。

しかし、こうした考え方に対し「仕事の話だけではだめですか？」とネガティブな評価をする人が結構います。世間話にネガティブな評価をする人は時間の無駄と感じています。食品商社に勤務するYさんに意見を求めたところ「世間話をしてこなかったが、それなりの業績を上げてきた。それならば不要と言えるのではないか？」と、自身の過去を振り返って断言しました。

確かに私も世間話をしなければ仕事は立ち行かなくなる、とまでは言いません。もっともYさんが世間話をしていたら、さらに高い業績を上げられたのではないでしょうか？

前段なしに仕事の話を切り出した時、相手の顔を見てみて下さい。いきなり仕事の話をすると、聞きたくなる状況（ラポール）が築かれていない可能性が大です。それは相手の表情を見れば明らかです。笑顔が出ない、目を合わせない、うなずかない、などの表情が見てとれるはずです。相手は別の場所からやってきて、気分転換もままならない状況です。

取引相手の状況が読めない若手営業マンに最近遭遇しました。人材関連の求人広告を担当する若手営業のDさん（25歳）です。仕事の関係で一緒に食品商社の人事課長を訪ねた時、Dさんは「例の件は結論出ましたでしょうか？」と、いきなり仕事の話題を切り出しました。しかも、契約を確認する重要な話題です。

当方は初対面の機会ゆえ、状況を見据えて相手の顔色をうかがっていました。すると明らかに戸惑っている表情です。自分なりに想像すると「会議でグッタリした様子。疲れているのは明らか」。しかも、訪問したのは週末の夕方です。営業マンは「本日は結論をいただかないとマズイ」と前のめり姿勢。一方で相手は椅子に深く座って、少々猫背で目が虚ろでした。

私はこの状況で結論を迫っても相手は聞いていないに違いない……と察し、世間話を切り出しました。「週末ですからお疲れですね。長い会議の終わったところですか?」と話すと、相手の顔がややほころび、「そうなんですよ。来年の予算取りを決める会議がもめにもめまして……」と疲れている理由を話し出しました。

そこで「この時期は来年の準備で大変なのですか?」と質問。すると「全体的な予算が一律カットで振り分けにもめているのです」と悩みを吐露しました。その後も相手から多忙で大変、と愚痴を聞いて時間が5分ほど過ぎたところで、「そう、あの件はやろうと思います。来期は予算が厳しいからね」と前向きな回答が返ってきました。あとは営業マンにバトンタッチ。黙って、契約の手続きを見守りました。

そうして相手のオフィスを出ると、Dさんは「ありがとうございます。世間話で場の空気が和みました」とお礼の一言。さらに売り上げ数字に追われて余裕がなくなっていたと言い訳をしました。

ここで私は「数字が厳しいからこそ、世間話は大事ですよ。切羽詰まった人に仕事は任せたくないですよね」と指摘しました。相手が疲れている状況に見えたかどうか、ただしてみると、「わからなかった」との返答でした。自分が言いたいことを「言う」ことしか意識がなかったようです。

最後に仕事の話しかしない姿勢は大事なビジネスチャンスを失う可能性を生むことを指摘しつつ、「世間話から来年度の予算の状況まで聞けたじゃないか」と有意義な情報が何気なく聞き出せる効能があったことを指摘。Dさんも世間話をする意義を体で感じてくれました。

誰も仕事にのめり込むと自分本位になりがちです。それゆえ相手の表情も見えなくなって本題＝仕事の話に終始してしまうのでしょう。ただ、ここで一呼吸して相手の表情を観察してみましょう。まだまだ硬いとしたら世間話で和ませることが必要です。

あるいは不機嫌な表情であったとしたら、「仕事で悩みは尽きないですよね？」と共感を示す話題を切り出すのが効果的かもしれません。

世間話を必要とする場面

仕事で世間話を必要としない場面なんて「ない」と思います。が、あえて「とても重要、効果的」なシーンはどこかと言えば「初対面」の時です。

初対面はお互いが相手に対して探りを入れている状態です。「こいつは信用しても大丈夫な奴か？　何を得意としているのか？　注意すべき点はないのか？」。こうしたことがわからないと、仕事を任せることはできません。

そんな状況にもかかわらず、「当社の商品を紹介させていただきます」と単刀直入に仕事の話から始まってしまうのは最悪です。お互いの信頼関係ができていませんから、仕事につながる可能性が限りなく低い状態です。「必要になれば連絡しますから資料だけ置いていってください」とつれない回答をされるだけです。このようなやり方の仕事を繰り返すだけなら、空しさが漂うことになるでしょう。これでは営業というよりも「商品説明マシン」のようなものです。

それでもタイミングがよく「ちょうど検討していた」という場面に遭遇したとしましょう。まさに出会いがしらの幸運です。しかし、それが仕事につながる確率は限りなく低いはず。持参した資料を競合商品と事務的に比較検討して判断するだけ。仕事になったとしても営業の介在価値はゼロと言い切れます。このような仕事ぶりでは高い業績は望めないし、営業の仕事はつまらないと感じてしまうことでしょう。

もっとも例外もあります。「商品説明マシン」に徹底して好業績を出している営業マンもゼロではありません。ある情報通信機器を担当するMさん（26歳）は他の営業マンの1・5倍の訪問数を誇る、体力に任せた営業が身上です。ただ、数が生み出す成果とは恐ろしいもので、人並み以上の業績を上げ続けました。ただ、そんなマシンのような行動を3年続けたところで、「疲れた」と会社を退職。実家の畳店を継いでしまいました。

後日、本人に辞めた理由を改めて聞いてみたのですが、「あれだけ訪問して、注文をいただいたのに、感謝の言葉をもらったことが1回もない。自分は何のために仕事しているのかわからなくなって、営業の仕事から逃げたくなった。今は作った畳を納めるとありがとうと言われる。仕事のやりがいがどこにあるのか？　今さらながら気づいた気がする」と語ってくれました。

自分の介在する価値が感じられない仕事は空しいものです。成果が出たとしても続けるのはしんどいのかもしれません。

取引先との信頼関係がある営業マンとない営業マンでは、相手との関係にどれくらい違いが生じるのでしょうか？　例えば、自動車の営業なら次のような違いが出てくるでしょう。

◆信頼関係のある営業マン
「君が薦めるクルマはどれかな」「君に任せるから決めてくれないか？」と任される。
◆信頼関係がない営業マン
「価格は安くなりませんか？」「他社と比較してどうですか？」と事細かに聞かれる。

明らかに信頼関係を構築したほうが手間もかからず効率的です。もう1例、失敗例を紹介します。若手営業のUさん（24歳）。普段は現場の担当者と実務的な打ち合わせを堅実にこなし、中くらいの業績を上げています。ところが上司からの指示で化成品メーカーの社長を訪問する機会ができました。

その社長との縁は、上司の知人が勤務する商社の紹介とのことです。できれば上司に同行してもらいたいと考えましたが、「いい経験だから君1人で行ってきなさい」と突き放されてしまいました。Uさんが上場企業の社長を1人で訪問するのは初めてのことでした。Uさんは大いに緊張しました。

さて訪問したところ大きな応接室に通されました。これまでオープンスペースの席で現場の担当者と打ち合わせをしたことしかありません。壁に掛けられている大きな油絵や本棚に並ぶ社史の一覧を物珍しくキョロキョロと眺めてしまいます。

待つこと約10分、「お待たせ」と社長が登場しました。すると「君1人かい」と、Uさんだけの状況に戸惑う様子がうかがえます。一方でUさんの緊張もピークに達していました。

Uさんは「社長は親父と同い年くらいだぞ。お互いの共通点なんて何もないじゃないか?」と話題が思いつかなかったこともあり、「本日はお時間をいただき誠にありがとうございます。お時間もないと存じますので、当社の紹介をさせてください。まずは会社案内をご覧ください」と硬い表情で会社案内を手渡し、抑揚のない声で会社説明を始めました。

ところが相手にすれば、縁もゆかりもない若手営業マンに時間をつぶす余裕はありません。大抵の人は「いきなり仕事の話をする奴につきあう暇はない」と感じることでしょう。結局、無駄な時間をすぐに中止するべく「すまんが時間がないのでいいかな」と席を立たれてしまう始末でした。Uさんには「しまった。ダメな営業をしてしまった」と後悔の念に駆られる経験となりました。

こうした上席との打ち合わせ機会で、幸運にも相手から世間話を切り出される場合があります。要は世間話もできない未熟な相手に対し助け舟を出してくれたのです。この助け舟を逃してはいけません。

相手からは「御社が設立された経緯を教えてくれないかい」と、在籍する会社についての質問でした。話題はなんであれ、相手は何らかの接点を持とうとしてくれています。ある意味やさしいボールをゴール前にセンタリングしてくれたともいえます。こうしたチャンスを逃してはいけません。質問に手短に答えた後は「ところで御社の設立の経緯も教えていただけないでしょうか？」と双方で理解度が高まる世間話を展開しましょう。

私も前職時代、同じような助け舟を面会相手から出していただいたことが何回もあります。「社内に居酒屋があるって本当かい？」「若手を抜擢する元気な会社だね」。自分の会社の取り組みについての質問であれば、入社間もない社員でも十分に回答できます。

「そうなんです、社内に居酒屋があります。そこで打ち上げや会食をします。やはり、若い会社なので内部で羽目を外して盛り上がることも重要と考えてつくられた設備です」と自慢げに説明をしたものでした。

すると「じゃ、自分の上司を尊敬しているか？」と矢継ぎ早に質問です。そこで「御社はいかがですか」と質問すれば、「当社は課題が山積みだよ」と会話が弾んでお互いの距離が近づくきっかけとなりました。大変、幸運な機会とも言えます。

こうしたやりとりを通じて、相手は身を乗り出してきました。明らかにお互いの距離が埋まってきた気配です。初めは席に深々と座り「君は何者だ」といった態度でしたから、大きな変化です。すると「君は面白いね。また、会いたいから仕事の話もしようか」と具体的な打ち合わせへ進展しました。その後に数回の面会を重ね、大きな注文をいただける成果に至りました。

相手からこうした助け舟が出る背景には、

◆立ち振る舞いから好印象を受けた

◆会社自体に関心がある（私が在籍したリクルートなど典型かもしれません）

など、何がしかの理由があるでしょう。その幸運を活かしてお互いの関係が深まるように話題を提供しましょう。もっとも、私も若かったころは助け舟を出されたことに気付かず、「自分の人間力で社長と仲良くなって仕事が取れた」と勘違いし、社内で自慢話をしていた記憶があります。周りから「すごいじゃない」と称えられ、いい気になっていた自分がいました。今となっては恥ずかしい体験です。

さて、これまで仕事で接した数多くの方々を振り返ってみると、立場が上席になればなるほど、世間話が重要と認識していました。それは人柄を世間話によって見抜くからです。そして、世間話で見抜いた人柄で仕事上の付き合い方を決めてしまうのです。考えてみれば限りなく重要な位置づけにあるのが世間話なのです。上席の立場の人だけでなく初対面の時にも世間話はお互いの人柄を理解するために重要です。世間話で打ち解けることができれば、さらに「仕事上で信頼できるか?」を見極めることになります。

結論から話すと相手が傷つく場面

「ごめんなさい、あの話はナシにしましょう」。営業場面で時間をかけて打ち合わせしてきたのに、残念ながらボツになる悲しい機会に何回も遭遇したことがあります。

例えば、見積もりを提出したところ「いいね、いきましょう」と前向きで、ほぼ仕事になるとしか思えない回答を担当者からもらったとしましょう。営業マンは打ち合わせが前進すると成功パターンしか考えなくなる習性があります。「あれだけ前向きな発言が出るのだからやらないはずがない」と、ダメになる可能性を考えなくなってしまうのです。

確かに、時間をかけて提案書、見積書の再提出を繰り返し、その結果「いいね」と言われると、安心してしまうものです。こうなると「後は正式な回答を待つだけ。100%大丈夫」と思い込んでしまいがちです。

ところが仕事に100%大丈夫などということはあり得ません。あくまで了解してくれたのは担当者だけです。最終的なゴーサインが出るには難関がいくつもあります。実際、担当者が上司に起案したところ、「何を考えているんだ、そんな話は聞く気になれない」とあっさりNGの回答が返ってくる可能性も結構あります。会社の置かれた状況からすれば「お金のかかるものは凍結」とせざるを得ないのかもしれません。

あるいは担当者が上司から「このタイミングに起案案件をもってくるセンスを疑う」とお説教まで食らうことだってあり得ます。上司から叱られた案件を再度起案してくれる人なんてまずいません。そうなったら打ち合わせが復活する可能性は当分ないのは明らかです。相当残念な結末となることでしょう。

私もそんなガックリする経験を何回もしたことがあります。現場の担当者がかなり仲の良い取引先に新しいシステムの導入を提案した時の話です。1年がかりで内容の修正をかけながら、よりベストに近い提案を示すことができました。あとは結論を待つだけ……。楽観してしまったのですが、その気持ちを大きくぶち壊す結果が待っていました。「報告したいことがあるので時間が欲しい」と担当者のRさんからメールが届きました。

思わず「ついに決裁が下りたんだな。よかった、苦労が報われた」とガッツポーズをしたくらいの気持ちです。喜び勇んで相手のオフィスを訪ねました。すると待ち受けた担当者は普段とは違う雰囲気の対応でした。

それまで「当社の業務内容を十分に理解して提案して欲しい」と厳しく要望され、時にはきついお叱りをいただきながら提案内容を作ってきました。しかし、そんな怖い表情は一切なし。「これまで熱心に提案をいただいて感謝しています。無理な注文をしたので頭にきたこともあったでしょう」とほめ言葉。私は少々戸惑いながらもほめられているのだと、うれしい気持ちになりました。さらに、これまでの仕事ぶりを称えるほめ言葉をいくつもいただき、少々面はゆい気持ちにさえなってきました。この日はどうも様子が違います。やさしいと言うか、気後れしたような態度に戸惑いさえ感じ始めた瞬間、残念な言葉を耳にすることになりました。

「ここまで頑張ってくれたけど、社内で承認を取ることができなかった。すまんが今回の話はなかったことにして欲しい」と驚く回答でした。想定外の言葉に聞き違いかと思い、「すいません。何とおっしゃいましたか?」と聞き返すほどでした。

具体的な契約の段取りをするつもりだったので「そんな、ここまできてダメはないでしょ」。私は話を聞きながら、ワナワナと怒り、くやしさ、残念な気持ちが複雑にこみあげてきました。もちろん感情が露骨に出ないように意識はしたものの、相手からすれば丸わかりだったのではないでしょうか? 少々涙目にさえなっていた記憶があります。それでも気を使って世間話をしていただいたのはありがたかったです。

「そうですか、残念ですが仕方ないですね」と極力冷静に振る舞い、相手のオフィスを後にしました。ただし職場の同僚に「大型の案件が決まったので楽しみにしておいて」と吹聴してしまっていたので、帰社する足取りはかなり重いものがありました。確か季節は冬、凍えるような寒さが身に染みた辛い記憶です。

もっともこの時「これまでの話はなかったことに」と、開口一番に言われたら、傷つく以前に、「何で今さらダメになるのか意味がわかりません。理由を明確に述べてください」と納得できない気持ちが高まり、文句の一つも言ってしまったでしょう。そう思えば、世間話を巧みに使う相手の戦略によって、気持ちを紛らわされたのかもしれません。ある意味感謝しなければいけません。このように相手を傷つけてしまう可能性がある場面でも、世間話は有効な緩衝剤になります。

ここまで書いてきたような、期待を裏切る回答をする時に加え、相手にきつい言葉をかけないといけない時などにも世間話は有効です。例えば真面目に仕事しているのだが、「期待に応えていない。もっと頑張ってほしい」と部下を叱咤激励する時です。私が体験したケースで言えば「頑張ったからA評価に間違いない」と自己評価を高めに捉える部下に対し「確かに頑張ったけれど評価はBだ」と伝えなければいけない場合、部下のプライドを傷つけないように、「最近はどんな本を読んでいるのかい?」と世間話を切り出し、部下の読書に関する話に耳を傾けます。時には「それは大したものだ」と感嘆の態度を示し、話題をさらに深めたりします。

こうしてお互いに打ち解けた雰囲気が出てきたところで、本題を切り出します。「読書が好きなんだね。読書好きさは話題が豊富になるのでいいことだ。是非とも継続してくれ。さて今回の評価だが、頑張ってくれたのでBだ」と、Aを期待していた本人にとってがっかりする回答です。ただ、世間話によって多少なりともショックを和らげる効果はあったようです。

普段なら「何でBなのですか？　納得できません」と食って掛かるタイプの部下でしたが、「そうですか……仕方ないです」と不満の残る評価に対し、受け入れる姿勢を示してくれました。結果的に相手ががっかりすることには変わりありませんが、「査定はB」と断定的に切り出すよりずっとよかったと思います。

また職場の同僚に対して教育的な指導をする必要がある時にも、世間話は効果を発揮します。例えば「周囲からクレームが上がっている。指導が厳し過ぎるのではないか？」と指摘しなければならない場面で、言うべきことをはっきり伝えると相手が傷ついてしまうかもしれず、仕事がやりづらくなります。そんな時にも緩衝剤としての世間話が大いに役立つことでしょう。

相手に人柄を理解してほしい場面

「仕事に対して誠実に取り組むタイプです」と自分の個性、人柄を自慢げに話せる人はあまりいません。もしいたとしても、かなり少ない部類です。

ただ、外資系の職場ならば別かもしれません。外資系企業では「エモーショナル・アピール」と言われる積極的な売り込みを行い、「とても行動力があり、アクティブです」「これまで説得力のある資料を作ってきました」「いつも外見を大切にし、場面に合った服装をします」と訴えて、自分のポジション（立場・報酬）を獲得するのが当たり前です。

ですから日本でも外資系に勤務する友人がいれば、「自分とタイプが違うかも、控え目さがないよね」と感じるかもしれません。一方、日本企業で勤務するなら「私なんてとても……」と謙虚な姿勢で臨むか、そもそも自慢話は口にしないのが美徳とされがちです。もし過度な自慢話を周囲にしたら、「あいつは勘違いしている」と袋叩きになりかねません。一流大学から大企業に入って、これまで同世代の注目を浴びていた新入社員がこの洗礼を受けると大変です。

ある総合商社に入社したZさん（23歳）は新人歓迎会で自己紹介をしました。「東京大学法学部から商社を希望して入社しました。学生時代は海外渡航プログラムでアジア各国、北欧を訪問しました。参加した仲間を引っ張るリーダー的な存在として数多くの経験をさせていただきました。具体的には……（中略）。入社後は海外経験を活かして、即戦力として活躍できるように頑張ります」。

この挨拶の後で先輩方から「学生時代の経験をひけらかすのはやめたほうがいいぞ」と教育的指導が入りました。さらに「自分が好き過ぎかも」「スピーチに酔っている」と先輩女子社員が指摘しました。社会のヒエラルキー、謙虚に振る舞わないと痛い目をみると感じたようです。こう考えると人柄を職場で伝えるには気苦労が多いですね。

ただ、あまりに謙虚な姿勢、極端に無口な状態では人柄が伝わりません。時には本来の自分とは異なる人柄に誤解され、苦労をする人もいます。広告代理店に勤務しているRさん（28歳）は職場でいつも明るく「今日も頑張っています！」と声を出し、元気で前向きな発言が目立つ人でした。そんな印象から周囲は「あいつはガサツで大雑把な奴だ。きついこと言ってもへこたれないはず」と決めつけていました。

ところが、これが大間違いでした。本当は繊細で、周囲の評判を気にするタイプでした。何回もお会いすると本当の気質を垣間見ることができます。いつも机はピカピカ、濡れタオルで丁寧に埃をふき取る姿は几帳面そのものです。

ところが、そんなRさんの本当の人柄を知らない上司がRさんに対して「お前みたいにお気楽な奴には細かな仕事は無理だよ」と言い切ったことがありました。職場の売り上げ管理をする社員が、体調を壊して1カ月休暇を取ることになった時のことでした。誰かが代わりに業務を処理する必要があるので、「すまないが、誰か売り上げ管理の業務を手伝っていただきたい」と、会議で上司が言い出しました。エクセルを使う細かな作業が求められるので、「できればやりたくないな」と誰もが〝やりたくないオーラ〟を出していました。

そんな閉塞感のある雰囲気で「私がやります」と手を挙げたのがRさんでした。本来なら救世主のように崇められてもいいはず。ところが上司は「無理だよ」と否定的な返答をしました。さらに「お前に頼むくらいなら1カ月放置しておくよ」と追い打ちをかける発言。これは周囲に笑いを誘うつもりだったのでしょう。確かに同僚たちから「それは、そうだよ」と同意と笑いの声が出たのも事実です。Rさんは大雑把というイメージが確立していたので、Rさんの気持ちをケアする人はいませんでした。

そんな上司のきつい発言に対し「そんなこと、ないですよ」と、Rさんは明るく答えながらも、悲しい顔をしていました。Rさんは後に「誤解されるのは辛い。明るく振る舞うのをやめよう」とポツリつぶやきました。職場を明るくしようと努めてきたキャラクターが自分を苦しめるとは思ってもみなかったことでしょう。人柄は見た目で勘違いされがちと、痛感させられた出来事です。

さて、相手に自分の人柄を理解してもらったほうが仕事はやりやすいものです。例えば、あなたが「比較的、几帳面。ただ、神経質過ぎるかも」というタイプだとしましょう。この人柄を相手に理解してもらったほうが仕事がやりやすいはずです。もし大雑把な人物と思われて「提案書はざっくりでいいから」と言われても、そんないい加減な対応はできません。逆に几帳面なことを理解してもらえれば「君は几帳面なタイプだから。詳細なデータを整理して分析するのはうまいよね。できればお願いしたいのだが」と意気に感じる仕事を任せてもらえるかもしれません。

しかし、自ら「私は几帳面です」と宣言するのは面はゆいものです。ですから相手にそこはかとなく人柄を伝える手段として「世間話」が有効な手段になります。世間話で人柄を理解してもらう機会をつくるのは簡単です。相手に人柄を訊ねればいいのです。まず、「○○

さんは周囲から、どんなタイプだと言われますか？」と切り出してみましょう。

するとと思いを巡らせて、割と面倒見がいいとか、気が利かないとか、大らかとか……自己分析をして、少々照れたりしながら人柄を紹介してくれることでしょう。おそらく、誰に質問をしても人柄を真面目に考えて答えてくれるはずです。

先日、ある大企業の社長にお目にかかった時、「社長はどんな人柄だと、部下から思われているのでしょうね？」と質問してみました。すると社長はうれしそうな顔をして「そうだな、冷たい奴と思われているんじゃないか？　部下に対して厳しい要求ばかりするからね」と、ややネガティブな回答をしていただきました。ただ、このネガティブな回答の裏側には意図を感じました。

そこで「でも愛情があるから厳しいことも言えるんですよね」と返すと、笑顔がさらにほころんで「わかっているじゃないか。部下は子供のようにかわいい存在だ。ところで、君はどうだ。自分はどんな人柄だと思っているか？　聞かせてくれるか」と想定通りの質問が返ってきました。そこで「そうですね、人の役に立てることに喜びを感じるタイプです。ですから難しい相談が舞い込むと燃えますね」と、伝えたい自分の人柄を無理なく披露することに成功しました。

以後、社長から数々の難しい相談が舞い込むようになりました。人柄を世間話で伝えられたことで仕事が大きく広がったのです。このように自分の人柄を知って欲しいなら、むやみな「主張」は避けたほうが得策です。あえて、世間話で人柄を聞き出してもらうべく、相手の人柄を聞くのです。戦略的に活用したい手法です。

気まずい雰囲気を打開したい場面

「苦手な人なんていません」と、豪語してくれたのは、派遣会社に勤務する女性社員Dさん（28歳）です。Dさんは社内では優秀な社員として有名な存在で、業績優秀者として海外留学も経験した期待のホープ（言い方が古いでしょうか）。

そんなDさんに苦手な人はいないと言い切れる理由を聞いたところ、「これまで会った人で会話が弾まなかった人は誰もいませんでした。ですから、相手に気まずい思いをさせたことなんて一回もありません」と明るい口調で話してくれました。さすがに「できる」という印象を持つ話しぶりでした。

Dさんがこれまで担当してきた相手は累計で100社以上。その全担当者と円滑に仕事をしてきたことになります。彼女は社内外でも「人に好かれる方法」のテーマで講演するほどの有名人で、確かに朗らかで、人から好かれそうなタイプ。嫌われることが少ないのは明らかです。相手から好印象を持たれるので大抵の相手と会話が弾むことでしょう。

ただ、世の中には様々なタイプの人がいます。苦手な人がゼロ（いない）なんて、本当なのでしょうか？　私はDさんだって苦手な人がいるはずと、疑問をぶつけてみました。「最初から苦手な人がゼロのはずないでしょ。私も会話が弾まなくて困った経験があります。とにかく無口で無反応。困りました」。さらに「確かにどんな話題を提供しても反応が薄い人だと話が弾まなくて困ることはあります」と答えが返ってきました。やはりDさんにも苦手な人はいたのです。

しかし、この後の答えにはさすがと唸るものがありました。「でも、明るく振る舞っていると、時間はかかりますが、話が弾み始めますよね」。当初は苦手な人でも努力して克服していたのです。これはすごい。大したものです。さらに「自分は話が弾まないと感じていても、相手は別の認識を持っていることがあります。自分の尺度に当てはめるだけではダメですよね」と指摘。

確かに話のテンポが普段から早い人にしてみれば、ポツリポツリと返ってくる相手なら「反応が遅い。会話が弾まない、どうしたらいいのだろうか？」と考えがち。しかし相手は十分に弾んでいると思っているかもしれません。

製薬業界でＭＲ（医薬情報担当者）をしているＰさん（27歳）が、担当しているドラッグストアの店長と世間話をした時のことです。なかなかアポイントの時間をもらえなかったので半年ぶりの面会でしたが、開口一番「最近はお仕事忙しいですか？」と質問したところ、「暇です」と一刀両断されてしまいました。貴重なアポイントなのに気まずい状況になっています。

ここは打開せねば……と、「日本経済新聞に『16歳以下の子ども3人に1人が花粉症で、発症の低年齢化も進んでいる』という記事がありましたね。春先は花粉症対策で通院する人が増えるのでしょうね」と、話題を切り替えてみましたが、「変わらないですね」とつれない反応です。以後も様々な切り口からスイーツやＢ級グルメの話をしてみました。ただ、何に対しても「そうだね」「かもしれない」くらいしか答えてくれません。

もはや、話すべき話題の引き出しが空っぽになってしまったところで、店長から「店に戻りたいのでいいですか。最後に1つお願い。例の商品を扱ってみるから、商品を送ってくれていいよ」とうれしい一言をもらえました。世間話は質問をぶつける相手との距離を近づけていくのがセオリーですが、自分で話すより、話を聞くのが好きな人もいます。質問しても弾まない会話だからといって、相手は苦手意識を持っていると決めつけるのは早計です。無口な店長の表情は意外に豊かに反応していました。

また、どんな世間話をしても「そうかね」しか言わない無口な人もいます。会話が盛り上がらないので、苦手意識を持ってしまいがちです。ところが、その人と会食の機会があり、お酒が入ると「いつも楽しい話をありがとう。普段は無口で愛想がなくみえるかもしれないけど、心のなかでは世間話を楽しんでいます。懲りずに仕事に来てくださいね」とやさしい言葉をいただきました。うれしいと同時に、人の気持ちはわからないものと痛感させられた瞬間でした。

「昨日のサッカー親善試合では本田選手が大活躍でしたね」と世間話を切り出しても、「本田選手は生意気で大嫌い」とネガティブな反応をする人もいます。思わず、「適当に盛り上がる返答をしてくれればいいのに。苦手だな」と感じることでしょう。

ところが、相手は苦手どころか会話を楽しんでいるのかもしれません。「本田選手のどこが嫌いなのですか」と、相手に対抗意識をもってもらい、バトルモードに突入させるのが好きなタイプなのです。相手からすれば「むしろ良好な関係」と捉えているかもしれません。

いずれにしても、自分の苦手意識から相手との距離が埋まらないと決めつけるのは早計です。

ただ、自分が気まずい、会話が弾まないと感じる状況への対策は講じたいものです。効果的な世間話の切り出し方があります。ちなみに気まずい状況とは、否定的な発言、相手の表情が硬い、沈黙が長く続く、などです。いたたまれなくなるかもしれませんね。そんな気まずい状況は打破して「ラポール」が構築された状態にしたいもの。

ラポールとは本書で何回も登場していますが、ここで細かく解説しておきます。フランス語で「橋をかける」という意味で、相手と信頼関係が構築されたことを意味します。会話のキャッチボールが行われて表情豊かに会話が弾む状況です。そのために大事なことは動きのある会話を心掛けることです。

「聞いてください」と右手を力強く前に出したり、「こんなに大きなハンバーグ食べました」とサイズを示す仕草をすることで相手の関心を高めます。こうした表情、振る舞いによる表現方法をノンバーバルコミュニケーションと言います（ボディーランゲージとも似ていますが、表情や服装まで含んだ言葉以外の会話全般を指します）。「とても感動しました」と伝えたい時に淡々と話すより、目に涙が浮かんでいたり、前のめりになったり、手を動かしたりすることでリアルに状況は伝わります。世間話にこうした動きを加えることで、弾まなかった会話に変化が出る可能性は高いはずです。

先ほどの本田選手の話も、熱心に身振り、手振りを交えて「そう、あのワールドカップで放ったフリーキックの正確無比さには感動しました」と訴えるように話をしたら、勢いに負けて「そうですね。確かに凄かった」と共感を得られるかもしれません。まずは、気持ちを込めて動きのある世間話を試してみましょう。

本音を聞き出したい場面

「本心を伝えてくれているのだろうか？」。もし、あなたが相手に猜疑心をいだくような場面に遭遇したらどうしますか。

例えば、営業マンが仕事の結論を何回迫っても「時間ができたら検討します」と曖昧な返事をされた時。あるいは「いいんじゃないですか」と肯定的なのか、投げやりなのかわからない反応をされた時。「どっちゃねん」と関西弁で本音を聞きたくなりますよね（関西弁でなくてもいいのですが）。

そこで、本音を知りたいからと直球の質問をぶつけたらどうでしょうか？　私も試しに何回かやってみたことがあります。まだリクルート社に勤務していた若手営業時代の話です。提案した内容を「検討する時間をもらえますか」と相手に言われたので、待っていたところ約半年が経過しました。時折「例の件について、その後はいかがでしょうか？」と結論を迫ってみたのですが、「その件は別の機会にしよう」とはぐらかされ、回答をいただけません。時間は刻々と経過していきます。私は本来短気な性格なので、引っ張られることに耐えきれなくなり、思い切ってせっついてみることにしました。

「半年以上が経過しました。いい加減にご回答いただけませんか」。すると、相手はややいらついた顔つきに変わりました。そして「やると決めたら、しっかり伝えるから。せかさないでくれるかな」と無愛想な回答です。これまで柔和な人柄と思っていたのでビックリするような変貌をみることになりました。

こうなると再度せっつくのは怖くてびびってしまう状態です。もはや待つしかありません。さらに私の短気な性格から相手の嫌な面を見ることになり、大いに反省させられました。仮にKYな性格で、再びせっついたとしても、おそらく同じようにはぐらかされるだけでしょう。あるいは「そこまでしつこいなら、この話はなかったことにしてくれ」と、打ち合わせが決裂してしまうかもしれません。本音を聞き出すのは難しいなと痛感した失敗談です。

もっとも本音を隠す立場になって考えてみれば、隠したくなる理由があるものです。後日、その担当者と会食した時、「提案内容が難しくてわからなかった」と本音を教えてくれました。考えてみれば専門用語の頻出する小難しい内容だったのかもしれません。「わからない点があれば、聞いていただければよかったのに」と切り返してみたのですが、「当時の君は態度が生意気で、聞く気になれなかった」とのこと。原因を知って、赤面させられることになりました。

さて、このように仕事が膠着状態になってしまう理由は大きく3つあります。①面倒で放置している②態度が気に入らない③まだ理解できてない、です。今さら言えない、あるいは言うと相手を傷つけるという配慮などが交錯しているのです。だから短気に任せて「何をモタモタしているのですか?」と相手を煽るのは避けましょう。

例えば、部下が担当していた相手から「これまでの取引関係で付き合いをゼロにはできないけど、言葉遣いは乱暴だし、約束は守らない。だから、できるだけ仕事をしないように控えていた」と後日本音を伺ったことがありました。毎年のように取引実績が下がっていたので状況を知るべく、担当営業に内緒で訪問して聞くことができた事実です。「今年は景気の関係で取引が減ると聞いています」と報告した部下からの情報は大間違いでした。長年の取引があっても担当が代われば、本音が聞き出せなくなることがあるなと、改めて痛感させられた出来事でした。

さて、この部下のように相手の本音を聞けていないことに気付かない営業は最悪です。もっとも、本音を聞けていないことに気付いたとしても、どのように聞き出せばいいのでしょうか? 打開策として「パラフレージング」を活用した世間話を使います。パラフレージングとはコミュニケーションスキルの一つで、相手が話した内容を別の表現で言い換えること。相手の話している内容を自分が理解していることを示すために効果的な手段です。

例えば「最近、仕事が辛いです」と嘆く部下がいたとしましょう。「そうか、辛いのだね」と同じ言葉を繰り返すのは「バックトラッキング」と呼ばれる手法。ここで「勤務時間が長いからね」と、相手をわかっていると思わせる言葉に置き換えてしまうのがパラフレージングです。共感度が高まる手法と言えます。この手法を駆使すると本音を導き出せる可能性が高まります。

例えば、「外部に言えない職場の事情ってありますよね」。本音を聞きたいのに「また別の機会に……」とはぐらかされてきた発言を別の言葉に置き換えて世間話のテーマにしてみるのです。「人に改めて聞きづらいことって何ですか」とか、「自分が相手から好かれていないことって、意外に気づかないと思いませんか？」と本音を言わない理由を置き換えて質問するのです。あくまで一般論としての話題です。「なぜ、あなたは本音を話してくれないのですか」と相手を非難している訳ではありません。

こうして、高度な世間話の仕掛けをすると、ピンときた相手は「そうなんだよね。実は上司から急な仕事を3つも振られてパニック状態なんだよ。例の件は優先順位を下げざるを得ない状況になっているのが実情だ。ごめんね、一段落したら検討を再開するから許してくれる?」」と本音が飛び出したりします。このように直球よりパラフレージングの世間話によって相手に気づかせたほうが本音を聞き出せるはずです。

同じ問題意識を持ちたい場面

仕事で取引相手や同僚とコミュニケーションをとる時に重要なことは、お互いが共感する状態を構築することです。これは同意でもなく同感でもありません。共感する状態になると先ほど登場した「ラポール」が構築されて「困ったことがあるのだけど、相談してもいいかな」とビジネスチャンスが広がること間違いなしです。この共感を構築する効果的なツールとなるのは、やはり世間話です。

専門商社に勤務するSさん(35歳)は職場の研修で同じチームになった関西支社のPさん(33歳)と休憩時間にお茶を飲みながら談笑していました。お互い初対面でしたが、Sさんから「お宅の上司はどんな人」と話題を切り出したことで、大いに盛り上がりました。

「うちの上司は無茶な要求が多すぎるよね。売り上げ目標は常に高めに設定。さらに後輩の指導をやって当たり前と言い切ります。ついていくのが一苦労です」と嘆いた時に、「そうそう、わかる、わかる。俺の上司も高い目標を持つことが格好いいと勘違いしている。だから、倍々ゲームのような売り上げ計画を喜んで立てたがるので、部下一同、必死に反対する日々だよ」と話をしながら、置かれた境遇が似ていることを理解してお互いの距離がぐっと近づきました。ちなみに似ているのは無茶な上司の存在。そんな上司に対する処世術の極意をお互いに披露して、二人の距離はさらに近づきました。

そうなると無茶な上司の存在に感謝する必要があるかもしれません。お互いの発言に対して、「わかる、わかる」「俺と一緒だ」「そう、そう」と相づちを打つのは共感が生じている証です。ただ、置かれた境遇が似ているという共感だけでは仕事への影響は小さいです。できれば仕事上の問題意識まで重なっていて欲しいものです。

例えば、あなたが仕事をするチームが「約束した納期は1日たりとも遅れてはならない」と全員が同じ問題意識を持っていれば、「よし頑張ろう!」と一体感をもって仕事ができます。おそらく、いい出来栄えの成果に仕上がることでしょう。ところが「納期なんてひとつの目安。自分のペースでやればいい」と、異なる問題意識を持ったメンバーがいたらどうでしょうか。

マイペースに仕事をするので、迷惑な存在になることでしょう。場合によってはストレスが溜まるだけです。同じ仕事をするメンバーは同じ問題意識を持てるようにするべきで、さらにその問題意識に対する目線も揃えておくことが大事です。このケースなら、問題＝納期に遅れないこと、目線＝1日たりとも遅れないこと、です。

では、同じ問題意識を持ち、目線が揃って仕事ができるようになるにはどうしたらいいでしょうか？「約束した納期には1日たりとも遅れてはいけないぞ！」と命令口調で指示するのは簡単です。ただ、これでは納得しない人もいます。「わかりました」とうなずくだけで「遅れたら仕方ないよね」と仕事のやり方を変えない可能性が大です。人は押し付けられたことはやりたくないもの。ですから強制をせずに納得して意識が変わるように努めましょう。

その方策として世間話が効果を発揮することがあります。何気なく「正月に家族で食べようと注文したおせちが1月2日に届いた。これにはまいった。クレームを言ったら1日くらい仕方ないと反省の色なし。どう思う？」と話題を切り出してみたらどうでしょうか？「相手の立場に立ったら、遅れるなんてありえない話ですよ」と返事が返ってくるはず。おそらく「遅れたおせち業者を訴えようか」と、攻撃的な雰囲気で盛り上がることでしょう。

ここで「ふと」自分の仕事ぶりと対比して「納期遅れは多大な迷惑をかける」と気づくかもしれません。翌日からきっと同じ問題意識で仕事をしてくれるのではないでしょうか？強制的に命令するより効果は絶大な気がします。

ある職場で起きた問題意識のズレを是正するまでのプロセスについて紹介します。食品商社の人事部での話です。来年の重点テーマを決めようと部内で会議をしていた際、人材育成に重点をおくべき……との意見が大半でした。

ところが中堅社員のFさん（31歳）が手を挙げて、「人材育成なんて無意味。それより採用戦略を見直すべきだと考えます」と発言。瞬間にして職場が苦悩の状況に陥りました。Fさんは少数意見でも絶対に妥協しない頑固者で有名です。会議が長引くことが確定し、「合コンには間に合わないな」と会議の参加者一同ガックリきました。時刻は午後6時でした。

さらに悩ましいのは人事部長が部下の意見を尊重するタイプであること。部長は状況を見守りつつ、リーダー的な存在である主任のMさん（35歳）に対し「君が仕切りなさい」とまとめ役を任せました。するとMさんは「では、私の話を聞いてください」と世間話を始めました。

「この間、疲れて帰宅したあと、風呂に入ろうと蛇口を開けた。そのまま15分つい居眠りしてしまった。まずい！　と風呂場に行ったらバスタブにお湯はなかった。なぜだかわかる？」とFさんに質問しました。

くだらないこと聞くな、と言いたげな態度で「栓をするのを忘れたのでしょ」と回答。Mさんは「まさに、その通り。栓をしなければお湯は溜まらない。ちなみに当社の状況と似た話だね」と話を続けます。さらに「当社の社員退職率は1年に20％。これは同業で圧倒的に高い。うちの風呂と同じ、栓を忘れた状態じゃないかな、では当社における栓とは何だろうか」と問いかけました。

さらに「採用する人材に問題があるのだろうか？」と問いを加えると、「管理職の資質に問題があるから若い社員が嫌になって辞めてしまうのではないでしょうか？」と再び、Fさんから回答。今回は真面目に考えている態度です。ここでMさんは「まあ、世間話はこれくらいにしよう。さて、来年の方針で重要だと思うテーマを改めて全員に聞いてみよう」と意見を求めました。すると、Fさんも「人材育成だと思います」と回答。全メンバーの問題意識が合いました。

ここで時刻は午後7時30分。「じゃ、具体的な施策は来週に詰めよう」と人事部長から声がかかり、会議は終了しました。合コンに参加する予定のAさん（28歳）はうれしそうに会議室を飛び出していきました。さて、同じ問題意識を持つために大事なのは、お互いが歩み寄るきっかけに気づくことです。そんな役目を世間話が担うことも時には可能です。

前向きに「イエス」と言わせたい場面

「どうしようかな……いいのだけど、何か迷っている自分がいる」と感じている相手に対し、営業マンは「何を迷っているのですか？　ここは決断のタイミングです」と結論を迫りたくなるものです。そんな時は「クロージング」と呼ばれる、迷う相手の背中を押す行為で仕事を前倒しします。

例えば「今月中に契約をいただければ10％お安くします」と特典を提示して決断を促したり、「お願いします。この仕事が取れないと職場に帰れません」と悲哀を訴える古典的な手法まで、クロージングの方法には意外と幅広いものがあります。営業マンにとっては、注文を獲得することが仕事の一つのクライマックスです。これまでの努力を結実させるため、様々な手法で背中を押すのです（もちろん、受注した後の納品も重要です。ただ、注文をいただく場面が醍醐味と感じるのは紛れもない事実）。

もっとも、相手の背中を強く押しすぎると「あんなに強く言われたから仕方なく応じた」と何かあった時に責任転嫁をされることにもなりかねません。

求人広告の営業をしているYさん（26歳）が、ホームページに問い合わせてきた取引先に対応した時の話です。Yさんは月末にどうしても売り上げ数字が欲しい状態でした。あと50万円の注文で売り上げ目標達成です。達成できないと怖い上司のお小言が待っています。まさに天国と地獄状態です。ただ、残念ながら売り上げが見込める打ち合わせはありません。「諦めるしかない」と覚悟したタイミングに舞い込んだチャンスでした。何とか来月掲載で契約できれば逆転もあり……と気合を入れて訪問しました。すると、ラッキーにも掲載希望が前提の相談でした。

これは運が向いてきたな、後はクロージングに向けるだけ、と思った矢先に、悩ましい相談を切り出されました。相手は「掲載するつもりだけど時期はいつ頃がいいかな？」と問い合わせてきたのです。時期は11月で、欲しい人材は総務部の若手社員です。来年4月には入社してほしいという条件です。

それならば1月号にお得な掲載特集が予定されていたのですが、Yさんはその事実を無視し「間違いなく今月です。早いほうが効果も出ます」と、やや強引な論理でクロージングをかけました。すると相手は「急いで掲載原稿をつくるのもいかがと」「来月のほうがいい気が何となくするのだけど」と、掲載時期を後ろ倒しにしたい意向をいくつも切り出してきました。

Yさんも営業成績が順調であれば「時期はそちらのご意向でいいと思いますよ」と悠長な回答をしたかもしれません。ところが、この日は月末の営業の売り上げを締める日まで3日と迫った状態でした。Yさんは焦る気持ちから大きな間違いを犯すことになりました。「今月中に掲載していただければ、効果は保証いたします」と、絶対に口にしてはいけない言葉を発してしまったのです。そもそも広告で絶対に効果が出るという保証などできません。

さらに言えば求人広告であれば、掲載して1週間もすれば結果が明らかに出てしまいます。Yさんは禁断の言葉を口にしてしまいました。Yさんは2カ月続けて予算を達成できなかったので、上司から「今月も達成できないと3カ月連続となります。営業として厳しいと判断せざるを得ないことになりますね」と最後通告を突きつけられていました。そのため手段を選ばないクロージングに走ってしまったのです。

結局、契約してもらえることにはなりました。ただ「効果は保証すると言ったよね」と何回も念を押される始末です。会社に戻り「何とか契約をもらいました」と上司に報告、一旦は「よく、やった」とほめられたものの、間もなく厳しい事実を突きつけられます。

「ちょっと、状況を確認にきて欲しいのだけど」と数週間後にメールが届きました。相手は月末に契約をとった相手でした。Yさんが訪ねると「約束と違う」と、お怒りモードです。相手は聞いてみると掲載した求人広告で応募してきたのは数名で、ただし募集した職種とはかけ離れた経験しかない人ばかり。結局は面接さえできないまま、掲載期間が終了となってしまったのです。

「効果は保証すると言ったよね。じゃあ、次にどんな対応をしてくれるのか教えてくれる?」と聞かれても、Yさんは対策を考えておらず、「上司と相談します」と回答するのが精一杯でした。この回答を聞いて相手は「これから考えると言ったのか! ふざけるな。効果を保証すると啖呵を切ったから掲載したのだ、この場で回答をよこせ」と大声で文句を言ってきました。Yさんは逃げるように相手のオフィスを出ました。

しかし、帰社してこれを報告するのも大変です。上司は効果を保証した提案をしていることを知りません。事の次第を報告すると、上司は「そんな営業をしろと誰が教えたのだ。勝手に自分で対処しろ」ときつく叱りつけました。

上司は、その後冷静になり「数字が厳しくて出まかせを言うほど追い詰めてしまったことは、私にも責任がある。明日にでも相手のところへ一緒に行ってお詫びして対策を講じよう」とYさんに言いました。このやさしい言葉にほろりとする一方で、自分の出まかせの一言が周囲に大きな迷惑をかけていることを改めて痛感しました。そうして翌日の夕方に相手を訪問。「このたびはご迷惑をおかけしました」と深くお詫びをしたうえで、相手が「一体、どんな教育をしているのだ」とプンプン怒る姿に、上司が「ごもっともです」と平謝りを繰り返す時間が30分以上続きました。

お詫びの場面が追加営業に一転

しかし、この上司は謝って終わるだけではありませんでした。「お詫びに前回と同じ内容の広告を来週号で掲載できる手配を準備してまいりました」と誠意を示し、深く頭を下げました。ここからはYさんにとって想定外の展開が待っていました。上司は頭を上げると急に笑顔を見せ、世間話を始めました。

曰く、「若手社員を中途採用する企業が急激に増えてきました。でも、職場に新たな人材が入ってくると新鮮で刺激になりますよね」と質問を1つ。これには「そうだね。新たな風が吹くのでいいことですよ」と肯定的な回答でした。中途採用で活躍する若手社員の存在について話が盛り上がりました。すると上司は、「できれば御社の事業概要やビジョンを勉強した人にご入社いただけると、教育する手間が省けていいですよね」と質問。

相手は「その通り。いくら優秀でも当社に対する理解度の低い人は入社してから伸びない傾向がある」と再び肯定的な回答。高学歴で一流企業から転職してきた社員が溶け込めずにすぐに辞めた話をしてくれました。明らかにお互いの関係は良好に回復してきました。

このあたりで席を立ってお詫びが終了になると思ったのですが、上司は質問を続けました。「ならば、ご掲載いただいたスペースを少々広げると御社に対する理解度が高まる気がしますが、いかがでしょうか？」と3つめの質問です。すると「確かに掲載スペースが小さかったかもしれない。おっしゃる通りだ」と、これも肯定的な回答。ここで上司は間髪入れずに切り出しました。「来週の掲載スペースに多少のご予算をいただければ、入社前の理解度が高まる情報を十分に紹介できると思います。いかがでしょうか？」

どうやら上司は追加営業をしているようです。ところが相手は納得して「ごもっとも、その形でお願いします」と提案を了承してくれました。すると上司は「効果の保証はできませんが、最高の原稿に仕上げます。今後ともよろしくお願いいたします」と丁寧に頭を下げて、相手のオフィスを出ました。クレームに対するお詫びが追加営業の機会に変貌したのです。Yさんは横で聞いていてただ驚くばかり。「もう、口八丁な営業は慎むように」と上司に言われても素直に「わかりました。以後、気をつけます」と言い切る姿がありました。

さて、人はイエスと肯定的な言葉を繰り返し発すると、次もイエスと言いたくなるもの。だから、相手にイエスと答えてもらいたい時には内容にかかわらず、「そうだね」「おっしゃる通り」「同感です」と肯定的な回答をできる世間話をすると効果てきめんです。それまで、気難しい顔をしていた人でもイエスを連発すると、気分が高揚して前向きになります。

余談ですが、ある絵画販売企業のトップセールスから営業を受けたことがありますが、「絵画は人の心を豊かにしますよね?」「人の出会いと絵との出会いも似ていますよね?」「自宅に絵画がかかっていたら、素敵だと思いませんか?」とイエスと回答してしまう質問をいくつもぶつけられました。

すると不思議なことに、買う気がなかったはずなのに、「ちなみにこの絵はおいくらですか?」と聞いている自分がいました。結局は買いませんでしたが、イエスの繰り返しで明らかに購買意欲が高まったのでしょう。

第　2　章

お天気ばかりが世間話ではない

——こんな人の世間話はNG

趣味の自慢話ばかりする人

「ワインが好きでワインエキスパートの資格を取得しました」と、趣味の自慢話をする人がいます。趣味とは自分の嗜好でやるもの。人それぞれ違いますから、趣味を話題にしても相手にとってみれば、「関心なし」あるいは「やめてくれないかな」と思う場合もあります。できれば自慢げに話すのは避けたいものです。

ところが「つい」趣味の自慢話をしたくなるのでしょうか。仕事の合間の世間話で趣味の話題を持ち出す人がたくさんいます。私は絶対にダメと言っているわけではありません。しかし、自慢げに話すのは避けるべし……、これだけは守って欲しいものです。

私はプロ野球のドラフト候補で話題にもなった（ドラフトで指名された訳ではありません）部下を持ったことがあるのですが、この部下の自慢話に手を焼いたことがあります。

確かに彼は体格もよく、見た目は明らかにスポーツ選手です。「ガッチリした体格だね。何かスポーツやっていたの？」と、誰もが聞きたくなる、大柄で肩幅が広く、日に焼けた爽やかないでたちです。部下はうれしそうに「はい、学生時代に硬式野球部に所属していました」と回答。ここでやめてくれればいいのですが、「友人が何人もプロ野球選手になりました」と自慢話を始めます。すると野球好きな人も多いので「プロ野球選手で知り合いはいますか？」「学生時代に対戦した投手で一番すごかったのは誰かな？」と質問が飛んでくることはしばしばです。すると彼はうれしそうに答え、さらに「どの球団のファンですか？」と野球談議に持ち込みます。

時には野球談議に時間がかかり過ぎ、「じゃ、時間がなくなったので、打ち合わせは次回に」となったこともあります。相手のオフィスを出た時に部下は勘違いの〝ドヤ顔〟をしています。思わず私は「お前は何を勘違いしているんだ。仕事の話を何もできなかったのだから、無駄話だけで終わったのだから、反省しなくてはいけないぞ」と注意しました。しかし彼は「でも、盛り上がったからいいじゃないですか？　きっと次回はいい話になりますよ」と楽観的に捉えていました。それでも人柄の明るさでそれなりの営業成績をあげていました。

しかし、そんな部下が同じ職場を離れてから5年後に相談にやってきました。「野球の話しかできない自分に反省しています。野球は仕事と関係ないことに気付きました」と神妙な態度です。どうしたのか聞いてみると、仕事で野球の自慢話が裏目に出る場面に何回も遭遇し、大きなショックを受けたようです。

「野球話で盛り上がって注文をいただいていた担当者が異動になり、後任は野球が大嫌いな方でした。人間関係で仕事をするスタンスの奴とは仕事をしないと、取引を切られました」。本人にとってはその場を盛り上げるつもりで野球話をしていただけだったのでしょうが、仕事と関係ない話題で人間関係をつくるだけの存在と思われてしまったのでしょう。さらに、他の相手からも「野球頼みの営業」ときつい一言を言われたようで、相当に傷ついている様子でした。

そこで彼に対して野球の話題は聞かれたこと以上は答えないこと、自分の仕事と関連する世間話を準備するようにアドバイスしました。すると、根が素直な男なので真面目に仕事につなげるべく世間話をするようになりました。すると間もなく業績は上向き、周囲から「印象が変わった。頼りがいのあるキャラにみえる」と言われるようになったそうです。趣味の自慢話は避けたほうがいいと痛感させられる機会となりました。

このようにプロ野球を目指すくらいの経験があると、自慢したくなる気持ちはよくわかります。そこまでいかなくても自分なりに極めた趣味の自慢を話題にする人がいます。「聞いてください、東京マラソンで2時間台を出しました」「趣味は語学勉強で4カ国語話せます。現在はスペイン語を勉強中です」。

そんな、自分としては自慢したい話題でも、仕事の機会に率先してひけらかすのは控えたほうが得策です。あくまで「趣味とかお持ちですか?」と相手に質問し、「すごいですね。利き酒師資格をお持ちとは。お好きな日本酒は何ですか?」と聞き役に徹する程度で十分です。仕事中に趣味を自慢して得することはないと思っていたほうがいいと思います。

考えてみましょう。仕事の打ち合わせ中に趣味の話題を熱く語る人は「仕事が好きじゃないのだな」とか、「場の空気が読めない人かも」と思われてしまうリスクがあります。

もっとも、相手から趣味の話題を切り出されたらどうしますか? その場合はあえて避ける必要はありません。ある程度やりとりをしたら、「すいません、勉強不足ですが、教えていただいてもいいですか?」と質問をぶつけてみましょう。その内容自体が的外れでも構いません。相手の話題に興味があることを示すことが重要です。さらに言えば、趣味を始めたきっかけ、こだわりのポイントなどを聞かせてもらえば、相手の人柄を把握できるいい機会になります。

筆者も「趣味が日本酒」と語ってくれた取引先に遭遇した時、「実は私も利き酒師で、日本酒に関しての知識なら誰にも負けません」と豪語したいところを我慢し、あえて自分の話は伏せておいて、「ところで日本酒がお好きになったきっかけは何かあるのですか?」と訊ねてみました。すると実家が蔵元であること。将来は継がなければならない長男であること。いつかは居酒屋を経営したいと考えていることがわかりました。家業なので日本酒好きは当たり前でした。

ここまでの会話でもお互いの距離がずいぶん近くなっている気がしましたが、ここで「大変、奇遇ですね。私の実家も日本酒に関係する商売をしています」と言い出したところ、笑顔がほころんで「そうか。それじゃ、裏切れないな」とうれしいコメントをいただきました。この世間話でかなり和んだ雰囲気が出ました。

このように世間話で趣味の話をするなら、相手の趣味を話題の中心に据えましょう。その上で自分の趣味と合致する点があれば「実は同じ趣味を持っています」とささやかに伝えるだけで十分です。自分の話題は別の機会にとっておきましょう。

早口で聞き取りづらい人

伝えたいことに気持ちが入り過ぎると、誰でも早口になるものです。例えば、自分なりの主張がある問題だと、俄然熱くなってまくし立てる人がいます。先日も早口で熱く語る人に遭遇しました。警備会社の管理部門に勤務するEさん（52歳）です。普段は寡黙で、話す時はゆっくりと考えながらコメントするタイプです。ところが「Eさんの趣味は何ですか？」と訊ねたところ、想定外の展開となりました。

「趣味は温泉巡りで年間に50カ所以上も温泉宿に宿泊します」と言い出すと、普段とは違う前のめり姿勢です。話す調子もやや早口。これは世間話として盛り上がってきたと思い、

「やはり乳白色の硫黄の温泉っていいですね。お湯に浸かると効能がジワリ効いてくる感じがしますよね」と自分なりの温泉の嗜好をコメントしたところ、Eさんが机をドンと叩き半分立ち上がりました。

「そうだ、聞いて欲しい話があるんだ。長年、通っていた宿の温泉が偽物だった。乳白色で効能が高いと謳われていたのが、本当は透明な温泉に他の温泉の素をしっかり加えていたら

しいんだよ。どう思う。観光客をだますとはひどいよね」。話すスピードは普段の倍以上。必死で聞かないと聞き取れないくらいです。人は熱くなると、普段はスローペースでも早口になることを痛感した出来事です。

さて、仕方ないことですが、自分で早口に話してしまったと思える時は、相手も「何を言っているか、わからない」と思うくらいの猛スピードになっている可能性が大です。会話のキャッチボールは相手のペースに合わせるのが原則です。ですから、まずは聞き役に徹してゆっくりと話す人にはゆっくり、比較的に早口な人なら多少はテンポを上げて話すようにする気配りが大事です。

とにかく早口はダメです。相手に何を言いたいのか伝わらないからです。早口になれば滑舌も悪くなり、聞きづらくなります。試しに自分の会話を録音して聞いてみてください。思いのほか「早過ぎる」と感じるはずです。

私は仕事柄、幅広い年齢、様々な職業の人と会話をする機会があります。目的は雑誌の対談、あるいはコンサルティング業務としてのインタビューなど。本音を聞き出すことが求められます。相手にいかに気持ちよく話してもらえるかが大事です。場づくりのためには聞き取りづらい早口などご法度です。しかし、一方で相手から「イライラする」と思われるくらいの間延びした話し方もできません。心地よいテンポは、どれくらいなのか、いつも試行錯誤を繰り返しています。相手が高名な経営者や文化人だと、興奮して早口になりそうな時もあります。

先日も大尊敬しているベンチャー企業の社長と対談する機会をいただいたのですが、「本当にお目にかかりたかったです。やや、興奮気味ですいません」と思わず早口になりそうな状況に陥りました。そこで「いかん、仕事だ、ここは会話のブレーキを踏まなければ」と、冷静になるべく気持ちをクールダウンさせ、「話したいテンポより2割ペースダウンする」ことを意識して話すよう心掛けました。

ところが、後で録音した会話を聞いてみると、それでもちょうどいいくらいでした。社長からは「気持ちよく話ができました」とおほめの言葉をいただきました。つまり、もし興奮した状態にブレーキを踏まずに話していたら、恐ろしく早いテンポになっていたのでしょう。世間話をする時はお互いがリラックスして会話できる場づくりが大事です。ですから、相手の肩の力が抜けるくらいのテンポ＝普段より1割くらいペースダウンした抑え気味な会話を心掛けたいものです。

世間には早口な人ばかりではありません。会話のテンポが遅い人もたくさんいます。話のテンポが遅い人は、その分だけ聞いた内容を理解するのも遅くなりがちです。ですから、対応するときには2割どころが3割くらいペースダウンする覚悟が必要です。そうしないと「早口でわからない」と思われてしまう可能性が大きいです。

世間話で1割、会話が遅い人には3割ダウンで計4割ダウン……するくらいの覚悟をしてください。早口な人には耐え難いくらいのペースかもしれませんが、相手に理解してもらいたいなら、ペースを合わせる意識が必要です。

ところで会話のテンポの遅い人はなぜ遅いのでしょうか？　慎重な性格、気配りのし過ぎ、判断が遅い、など様々な理由が考えられます。先日、取材したシステム会社のエンジニアのBさん（28歳）は、会話が遅いといつも悩んでいるとのこと。

「同僚と数名で世間話する時にテンポの早い会話についていけません。人が話を振ってくれた時にうまく返しができず、場を冷めさせてしまっているような気がするのです」と話してくれました。さらに詳しく話を聞くと、相手を毒舌で傷つけた経験があり、発言を慎重に考える癖がついてしまったようです。

また、相手からどのように思われるかといろいろ考えていると、会話のテンポが遅くなってしまいがち……と話してくれたのは、外資系証券会社に勤務しているKさん（26歳）です。「議論が好きな職場なのですが、判断するまでの時間がかかり過ぎると注意されることが多くて大変です」と悩みを明かしてくれました。

このように会話のテンポの遅い人には様々な理由があります。早口な人よりも相手の立場を考え過ぎるゆえのことなのです。早口なことは何の自慢にもなりません。「ゆっくりと話す人との世間話は3割くらいペースダウンしよう」と上手に会話のテンポにブレーキをかけてください。この気配りが相手にとって心地よく会話を弾ませることになるはずです。

時間を気にせず長々と話す人

世間話はどれくらいで切り上げればいいのでしょうか？　長くても10分程度です。それ以上になると本題に話題を転換するきっかけを逸してしてしまいます（先に紹介したように打ち合わせの9割を世間話に費やして成功する人もいますが、あくまでまれなケース）。そのままダラダラと続けて「今日は時間がなくなってしまったから、別の機会に打ち合わせしましょう」となれば、お互いに何のために時間を取ったのでしょうか？ あくまで本題につなげるため、持ち時間は最大でも10分程度。できれば5分1本勝負の気持ちで時間を仕切りたいものです。

世間話が長すぎる人は周囲から疎まれているかもしれません。仕事の打ち合せには各々が想定した所要時間があります。「この打ち合わせなら1時間半はかかるな」とこれまでの経験からスケジュール表に「納品の打ち合わせ　18：00〜19：30」と入力します。会議でもある程度終了予定時刻を設定しておくのが普通です。

ところがそんなお約束を気にせずに世間話を長々としたらどうでしょう。「次回は長めに時間を空けておかなければ」となればいいですが、「次回からもう呼ばない」と思われる存在になるかもしれません。

周囲が自分の世間話にイラつかないように10分以上もダラダラ話すのは慎みましょう。もし30分以上も世間話をしたら迷惑な存在にしかすぎません。ところが、そんなことに気づかない人がたくさんいます。その一例を紹介しましょう。場面はある広告代理店の会議室です。

「この間、出張で沖縄に初めて行ってきました。人懐っこい人が多かったですね。ところで沖縄に仕事で行く機会はありますか」。打ち合わせの前に、営業担当のDさん（33歳）が世間話を切り出してきました。やや日に焼けた顔つきで、どうやら沖縄旅行から帰ってきたばかりのようです。私は「2回くらい行ったことがあります」と回答。そのまま沖縄で体験した素敵な地元市民との出会いや、驚きだったソウルフード（地元のB級グルメ）についてコメントをしようとしましたが遮られ、Dさんは沖縄の魅力を情熱的に語り始めました。

「離島に行ったことありますか？　離島に行きたいですね。本島で見た海の青さでさえ、感動はものすごいものがありました。離島の海は澄み渡っているのでしょうね。聞いた話では海外の有名なビーチと比較しても透明度は抜きん出ているとか。久米島とかいいですね」。Dさんは「ですよね」と時折、同意を求めながら沖縄の海の魅力を話し続けます。ただ、その同意にはコメントを挟む余地がありません。私は相手の話を聞いているだけでした。

ついには30分以上経過。我慢していましたが、時計が気になる状況になってきました。感づいてもらおうと、壁の掛け時計をチラリ見ましたが、気づいてくれません。自分の話に相当酔ってしまっている様子です。

私は本題の打ち合わせを始めたくて、困惑した表情を見せましたが、それでも気づいてくれません。この日の打ち合わせは1時間しか予定を取っていないので、半分以上をDさんの沖縄談議で費やしてしまいました。「Dさんは時間が気にならないのだろうか」。Dさんは気になっていなかったようです。このままではまずいと感じ、わざとらしく腕時計を見る仕草を何回かしてみました。すると、さすがに気づいてくれました。「いけない、盛り上がり過ぎました」と、慌てて打ち合わせを始めてくれました。

残念ながら十分な時間が取れず、この打ち合わせで結論を出すことはできませんでした。Dさんは「本題を議論する時間が足りなくなりましたね」と、自分で蒔いた種に対する責任感は微塵もないようでした。結局、打ち合わせを「もう1回」行うことになりました。私にしてみれば「余計な世間話でひどい目にあった」と、Dさんに悪い印象を持つことになってしまいました。

Dさんを弁護するなら「相手は何かお疲れ気味の様子。ここは気分転換の話題を提供しよう」と感じた気配りの行為かもしれません。確かに、私は前日の打ち合わせで激論し、グッタリしていました。ただ、長すぎる世間話となれば逆効果です。迷惑にしか感じられません。

そんな長々と世間話をする人にはいくつかの特徴があります。的外れな配慮、自意識が強い、計画性が低い、気分屋で、話すことが大好き、天然のお気楽型などです。こうしたタイプの人が世間話に没頭してしまう気配を感じたら、相手の気分を害さないような気配りを考えつつ、本題に切り替えるきっかけをつくってあげましょう。簡単な方法なら、「そろそろ、本題に入りましょう」と促してください。あるいは「興味深い話をありがとうございます。続きは別の機会にお願いします」とプライドを傷つけないように切り上げてもらう工夫をしましょう。

一方で自分自身も長々と世間話をしたくはありません。相手の気分を害するほどに時間を使わないように持ち時間を意識しましょう。例えば、午後2時から合わせを始めたら2時10分位には本題に入れるように、机の上に時計を置く、携帯のタイマーを設定するなどの工夫をしてみたらどうでしょうか。

面識のない人の噂話をする人

「総務部のVさんは奥さんに頭が上がらない恐妻家らしいですね」と噂話をする人がいます。

その人を知っていれば「ええ、Vさんって強面で有名ですよね。家庭ではどんな顔つきしているのでしょうね」と興味を示す反応をするかもしれません。ところが、面識がない人の噂話ならどうでしょうか。「そうなのですか？　でも、Vさんのこと知らないから……よくわかりません」と困惑した態度になることでしょう。そう、面識のない人の噂話に対して盛り上がる気持ちにはなれません。さらに言えば、聞いていて気持ちのいいものではありません。ところが、面識のない人の話題でも、面白おかしく膨らませて話せば、聞いた相手も盛り上がると勘違いしている人がいます。

先日、お目にかかったTさん（39歳）は面識のない人の噂話を次々としてくるので、対処に困りました。Tさん曰く、「大阪支社に勤務する同期から聞いたのですけど、入社3年目のXは神戸支社の女性と付き合っているみたいです。でも、単なる社内恋愛ならご勝手で終了ですが……聞いてください、年の差は20歳。しかも年上は女性のほう。どう、思います」。Tさんはうれしそうに噂話をしてくれます。まるで芸能リポーターです。この情報を自分しか知らないことが誇らしいのだろうかと思えるようなうれしそうな顔つきです。

話している本人は「面白いでしょ」とでも言いたげな態度で話をしますが、聞いている立場にすれば微妙な話題です。どのように反応していいのか、苦慮するだけです。社外なので噂話に登場する2人を知りませんから、興味がわくはずありません。おまけに恋愛話を仕事中に聞いて盛り上がるのは無理があります。

「もう、噂話はやめてほしい」と困った表情を浮かべ、話題を変えたい意向が伝わるように努力しました。ところが、その努力に微塵も気づいてくれません。Tさんは噂話を続けます。やれ、デート代は女性が支払うとか、聞いた音楽の世代ギャップが大きいとか、Xさんの母親と彼女の年齢差は3歳しかないとか……。私の関心はまったく高まりません。ついには我慢できなくなって、「社内恋愛の話は止めましょう。興味が湧きません」と、盛り上がるTさんを遮りました。その日は重要な仕事の確認項目があったのですが、日を改めてもらうことにしました。

さて、面識がある職場の同僚に対する噂話、しかも悪い噂話は盛り上がります。それだけ皆、身内の行動を興味深く観察しているのです。欠席裁判とも言えますが、観察した同僚のネガティブ情報が職場でガス抜き＝気分転換として寄与しているのは間違いありません。ですから、「あいつとあいつはライバルで、心の中では足を引っ張り合っている」と、居酒屋で一杯飲みながら世間話するのは必要悪かも知れません。しかし、同僚の悪い噂話をしつこくするのは得策ではありません。

考えてみれば明らかです。「こいつは、俺のいないところで俺の噂話もしているに違いない」と思われて損するだけだからです。

毎回同じ話題ばかりの人

「ジャイアンツが勝ちましたね。内海のピッチングどう思いましたか?」と、取引先を訪問するたびにプロ野球、それもジャイアンツの話題をする営業のCさん(26歳)。ちなみに本人は野球が大好きなわけではありません。本当は熱狂的なサッカーファン。なのに、毎日ジャイアンツの試合結果を調べ、どの選手が活躍したのか、試合の勝敗を決定づけたポイントを理解するためにスポーツ新聞も欠かさず読んでいます。ただ、続けているうちに時折ジャイアンツ戦を観戦に行くくらい野球への関心が上がってきています。でも、考えてみれば不思議な話です。「苦手な野球の話題を熱心に勉強して世間話する意味なんてどこにあるのか」。確かにありません。

実はプライベートな事情で野球の勉強をしていただけでした。実はCさんには婚約間近の彼女がいます。その彼女のお義父さんは熱狂的なジャイアンツファン。そのお義父さんに好かれようと勉強していたのが本当の理由です。せっかく勉強したので仕事の世間話に使ってみようと思ったところ、幸運にも取引先の管理部Z主任（36歳）が大のジャイアンツファンと分かりました。そこで訪問するたびにジャイアンツの話をするようになったのです。

当初はZさんも自分の趣味をテーマに話題を提供してくれることに感謝したものの、Cさんが訪問するたびに毎回のように話題にすると、少々困惑するようになってきました。仕事で会っているのに毎回野球の世間話をしていていいのかと、上司に目をつけられるようになったからです。Zさんが上司を同席させて打ち合わせした時にも、場の空気を読まずに「東京ドームの阪神戦のチケットが取れたら、一緒に行きましょう」と遊びの誘いを切り出してきました。これにはZさんも困ってしまって、「そうですね……」と小声で答えるのが精一杯でした。横で聞いていた上司は「公私混同した付き合いを取引先としている可能性がある。注意せねば」と感じてしまったようです。

このような世間話は周囲に迷惑を振りまくだけです。Zさんも「君の世間話で大いに迷惑した。野球の話は金輪際しないでくれ」とCさんに対してきつく注意せざるを得ないことになりました。Cさんにしてみれば、相手の喜ぶ話題なら、いつでも何回でも切り出して問題なしと思っていたので大いなる間違いです。このように相手に対して会うたびに同じ話題、しかも仕事と直接関係ない野球をテーマにするのは避けたほうがいいのは明らかです。

これは仕事に近い話題でも同じです。例えば、広告会社に勤務しているDさん（30歳）はクライアントとの打ち合わせで毎回のように、「ついに円が80円台を割りそうですね。御社にとって大きな問題ですよね」と、為替レートをテーマに世間話をします。クライアントの業種がメーカーのため、為替の影響で工場の海外移転、輸出採算などの問題が山積みであると想定し、毎回のように話題にしている様子です。ところが何度も同じ話題を切り出され、しかも「御社はどうですか」と聞かれても、そのたびに変化があるわけではありません。

ましてや、部署は宣伝部。会社を代表してコメントする立場ではないので「もう為替の話題はやめてほしい」と感じているくらいです。為替の世間話を手短に済ませてもらうために「ごめんなさい、時間があまりないので、簡潔に話を聞かせてください」と冒頭に切り出す機会が増えている状態でした。ところがDさんはその真意を汲み取れるセンスが欠如しているので、「いつも、忙しいんだな。でも、気分転換も必要だろうから、次回は喜んでもらえる話題を提供しよう」と勘違いして、もっと為替の勉強をし、次回は気の利いた話をしよう、と努力を始めたそうです。

さて、ある世間話で1回盛り上がったからと、同じようなテーマを繰り返すのは相手にとって迷惑な場合があります。世間話は仕事の本題につなぐためのきっかけに過ぎません。ですから状況によって変えるべきです。

例えば、初対面で「うちの地元の冬は大雪が降ります。寒さの厳しい地域に住んでいたので、我慢強くなりました。ところでご出身はどちらですか?」と地元について世間話をするのは、お互いを知るためには絶好です。ただし、以後も「そう言えば、そちらの地元のB級グルメは何かありますか?」と同じく地元ネタばかりするよりは、タイミングに合わせてバリエーションを考えるべきでしょう。お互いの理解度が高まった後には、会社の話題、あるいは業界動向など、話題を変化・進化させることで、新鮮な気持ちになって世間話ができるはずです。結果として仕事の本題にスムーズに展開できるのではないでしょうか?

専門用語を連発して理解不能な人

「ご存じのようにソーシャルメディアが加速成長する時代になりましたよね。その起爆剤となったのがフェイスブック。ミクシーとかグリーなどのSNSとはちょっと違うのですよね」と、最近のソーシャルメディアネットワークについて世間話を始めたSさん（26歳）。うなずきながらも「何を言っているのだろうか？」と知らない専門用語に戸惑っているのは、不動産業界で管理部門に勤務するCさん（45歳）です。

「ご存じと思いますが、ソーシャルメディアとは、ユーザーが情報を発信し、形成していくメディア。個人が発信する情報が不特定多数のユーザーに対して露出され、閲覧したユーザーはレスポンスを返すことができます。ユーザー同士のつながりを促進する様々なしかけが用意されていて、互いの関係を視覚的に把握できるのが特徴ですよね」。

仕事上の打ち合わせが始まる前に、Cさんは「フェイスブックってよく聞く話題ですね」と切り出してみました。本当に軽い気持ちで話題にしたのですが、Sさんが「任せてください！」とうれしそうな顔で、話を始めました。きっかけをつくったのはCさんなので、まずは黙って話を聞いていました。ところが、専門用語が多くて話の大半が?.?.状態です。そのため、Cさんは聞きながらしかめっ面をしたり、椅子の上で背を反らしたり、落ち着きのない態度を示します。

これを冷静に観察できれば、「聞きたくない話題なんだ」と明らかにわかるはずですが、Sさんは気づかないようです。さらに同じ話題を展開し始めました。「でも、フェイスブックがさらに普及したらメールなんて不要になると思いませんか? それにこれまでのSEOなんて不要になりますよね」と知っている知識をひけらかすように話し続けます。一応、礼儀として「ですよね?」と質問を投げかけるのですが、Cさんは登場する言葉が理解できないので話すきっかけがみえません。そんな困惑するCさんを気にせず、Sさんはフェイスブックについて話し続けます。

「いいね!」ボタンくらいは何とかわかりますが、ウォール、アクティビティと言われても何のことかさっぱりわかりません。さらにSさんは「ファンページの活用を本気で考えないと立ち遅れますよね」と熱く語り始めました。もはや、自分には興味を持つことが不可能と考えたCさんは、「すいません。この話題はもういいので、仕事の話をしませんか?」と本題への切り替えを促しました。もはや明らかな不機嫌状態です。さすがにSさんも気づいたようで「すいません。脱線し過ぎました」と反省。話題を仕事の打ち合わせに切り替えました。ただ、何となくお互いが気まずい状態になってしまいました。

さて、世間話で相手がわからないような小難しい専門用語を連発する人がいます。ソーシャルメディアの例の他にも、金融用語には難解な専門語がたくさんあります。例えば、オルタナティブ投資とかABL、ROEのようなアルファベットの略語を連発されても困るだけです。こうした理解不能な専門用語は、業界ごとに使っていることを「つい」忘れてしまうのでしょうか。

考えてみてください。相手の立場に立てば、知らない言葉をいくつも重ねられて解説もないとしたら、「気配りがない」とは思いませんか？　この難解な世間話に遭遇したCさんに後日、Sさんに対する印象をお聞きしたところ「自分に酔って話をしているようにも感じました。早く世間話が終わってくれと、話題を切り替えるタイミングだけ考えて聞いていた気がします。あと、仕事を一緒にしたいという意欲は下がってしまいましたね」と回答してくれました。要は自分の知識を自慢したい人と誤解されてしまったようです。

やはり、専門用語の連発は裏目に出ます。できれば避けたいやり方です。もっとも、そんな小難しい世間話をした側にも意図があったはずです。Sさんに言い分を聞いてみると、「専門知識が高いところをみせたかった」との思惑があったようです。ただ、残念ながら思惑は裏目に出てしまいました。では、どうしたらよかったのでしょうか？

方法は大きく2つ、①専門用語を使うたびに解説を加える②専門用語は極力使わないことにする、です。このどちらかを心掛けるべきでしょう。さらに言えば、聞く側の立場に立って話すのを意識することではないでしょうか？　「わかりづらい話をしているのでは」と思う視点があれば、相手が分からない専門用語の連発などしないはずです。

ちなみに金融業界で活躍する知人のマネックス証券の松本大社長やライフネット生命の岩瀬大輔副社長は、世間話で小難しい専門用語などまったく使いません。相手が業界に関する知識をどのくらい持っているのか、相手のレベルに合わせて話題を提供できる引き出しを持っているからでしょう。

興味がないことに気付いてくれない人

「もう、この話はやめて欲しい」と、相手が興味を示していないのに、平気で続ける人がいます。前項のような専門用語がわからないのではなく、「内容はわかっていても、まったく関心がない話題」のことです。野球のルールさえあまり知らない人に「ダルビッシュはメジャーで活躍できるでしょうか?」と聞いたり、あるいは「AKB48の誰が好きですか?」と、芸能界に関心がなく、テレビも見ない人に切り出したり、お酒が飲めない人に日本酒の話題を持ち出したりする人です。

「……そうですね。誰だろう。あまり名前知らないのですよね。困ったな」と相手に関心がない話題であれば、話が弾まないはずですから、すぐ気づくはず。しかし、自分が切り出した話題で何とか世間話を盛り上げようと必死になって、相手の表情や反応に気づかないのでしょう。

そんな人と世間話をするのは大変です。時間だけが無駄に過ぎていくことになります。私の職場に営業のPさん(25歳)が訪ねてきました。日ごろから熱心に求人広告の営業にやってくるので話を聞くことにしました。もっとも、お互いのことが何もわからないので、軽く世間話をすることになり、「赤坂にはおいしいランチの店がたくさんありますよね」と、Pさんが切り出したランチ事情が話題となりました。

そこで私はPさんにお薦めのランチスポットを聞いたところ、「赤坂見附にある寿司屋の○○」を紹介してくれました。Pさん曰く、800円で上にぎりが食べられるとのことです。さらに、その店の板前が高校時代の友人で、マグロは上物が格安に食べられるなど、寿司好きであれば興味津々な情報を教えてくれました。

「土曜日なら夜のコースが半額。あぶりトロは本当に絶品です」とトロの味わいをリアルに再現してくれました。「トロっておいしいですよね。つい、いくつもいただいてしまいます。高城さんもトロはお好きですか？」と聞かれ、私は顔をしかめつつ、「そうですね」とイエスでもノーでもない答えをしてみました。「いい加減に寿司の話題は終わりにしてくれ」と心の中で叫びました。

残念なことに私は寿司が大嫌いでした。最近は仕事で食べる機会もあるので、いくつかのネタなら食べられますが、小さい頃は寿司の匂いが苦手で、寿司屋の暖簾をくぐったこともないくらいでした。だから、Pさんがうれしそうに話をしていてもまったく興味がわきません。一応、話を合わせていましたが、「もう、話題を変えてくれ」とサインを出し続けました。Pさんはそんな状況がわからないようで、さらに寿司話を続けました。

「そう言えば、赤坂駅の傍にもお得でおいしい寿司屋があります。店の名前を忘れました。ちょっとまってください。探しますから……」とスマホで名前を探し始めました。私はまったく興味がないので、「もういいですから。それより、時間があまりなくなってきました。手短かにサービスの概要を教えてください」と寿司の話題を切り上げようとしました。さらにこの面会を早く終わらせようと決意し、サービス紹介を10分ほど聞いたところで、「ごめんなさい、次の予定の時間になりました。検討して必要になれば連絡します。おいでいただきありがとうございました」とお礼を述べて席を立ちました。

ちなみに「必要になれば連絡します」は断りの常套手段です。おそらく仕事で会うことは二度とないでしょう。私のこの気持ちをPさんは理解してくれていたのでしょうか？　おそらく、まったくないはずです。

私はPさんが寿司の話をしている時、興味がないというサインをいくつも出しました。それは、腕を組む（拒否を表す態度）、時計をみる（時間を気にしている）、表情が硬い（関心が低い）などです。それに気づかないセンスの人に対して仕事は任せられないと感じました。

仕事上で関心が低い話題に遭遇した時、「興味ないのですよね」とか「その話をやめてくれますか」と言い切るのは難しいものがあります。お互いに仕事上の人間関係を壊す可能性があるからです。そこで「そうですね」と形の上は相づちを打ったりして合わせるものの、相手の態度や目線などを観察し、「これは関心がない話題のようだから避けよう」と自ら気づいて対処するセンスが求められます。自分の話す話題に夢中になり過ぎず、相手の顔色から世間話に対する関心度合いを読み取る努力を忘れないようにしましょう。

気分が悪くなる話ばかりする人

「そう言えば、御社のご同業であったスキャンダル。ひどい話ですよね」と切り出してきたのはBさん（27歳）。新聞に掲載された同業他社で起きた創業家と経営陣の対立を世間話の話題にしてきました。その話題とは創業家の3代目が社長に就任したものの、先代の番頭たちと事業に対する方針で対立。オーナーが株主権利を行使して番頭たちを解任したところ、社長のスキャンダルがマスコミに流れて大騒ぎ。対立はお互いに名誉棄損や特別背任行為で訴えて、司法を巻き込んだ事件にまで及んでしまった様相です。

そんな話題のテーマゆえか、相手も会った人に「あの事件は大変なことになりましたね」と聞かれることくらいは想定内でした。ただ、同業の不祥事に対して詳細なコメントをできるはずはありません。ですからこうした話題は「まあ、それくらいで」と終わらせるようにしたいものです。逆にそれくらいで終わらせることができれば、相手に「いいセンスしている」と思ってもらえます。

ところが、Bさんはさらに突っ込んだ話をしてきました。「どうやらオーナーのご子息は裏口入学だったらしいのですが、その段取りをしたのが現社長らしい。そんな公私混同って許されるのでしょうかね」と仕事からどんどん逸脱した話題になっていきました。さらにBさんはこのニュースに詳しく、アングラサイトで入手した裏話などを披露。社内の人間関係はボロボロで、業績は大きく傾くこと間違いなし、よって「御社にとって業績拡大のチャンスですね」と言いたいのか、うれしそうな顔をして「どう思いますか?」と芸能リポーターのように聞いてきました。

沈黙が数分間続きました。こうした世間話で悲しいことに相手は気分が悪くなってきたようです。他人の不幸をあざ笑っているような気にさえなってきました。そこで、少々厳しい顔つきを見せて「その話は止めましょう。話していて気分が悪くなります」と本音をもらしました。

重苦しい空気が流れ始めました。それだけ、この世間話に嫌悪感を抱いたのです。こうなると仕事の打ち合わせをする気分にはなれません。「別の機会にしませんか?」と相手から提案があり、打ち合わせは終了となりました。相手はよほど気分を害したようで、普段ならエレベーターまで見送ってくれるのですが、「次の用事があるので、ここで失礼します」と席を立って帰ってしまいました。

Bさんは応接室の机に出した打ち合わせの資料を寂しくたたんで、席を立って帰ることにしました。本当に後味の悪い状況です。切り出した世間話でまずい状況を引き起こしてしまったことには気付きましたが、後の祭りでしかありません。

さらに残念なことが起きました。次回の打ち合わせはなく、商談自体が、頓挫してしまいました。Bさんは反省し、お詫びをしつつ次回のアポイントを何とか取ろうとしましたが、

「忙しくて、時間が取れない」と調整が不能な状態のまま。電話をしても「会議中」と出てくれません。そこで思い切って菓子折りを持って訪ねてみましたが、「本日は不在です」と言われて返されました。相手にしてみれば「君とは仕事をしたくない」という無言の抗議なのかもしれません。

結局、Bさんは大事な相手との関係まで失う羽目になったようです。何の気なしに切り出した話題が打ち合わせをぶち壊すとは、夢にも考えていなかったのではないでしょうか？

このように相手の気分を害するような話題には、どのようなものがあるでしょうか？　例えば、「他人の不幸をからかうような話題」は気分がいいものではありません。先例のような競合会社の不幸とか、業績不振な企業を茶化すような話題は誰も聞きたくありません。仮に聞いたとして「それは可愛そうな話だよね」と同情するコメントをしても、後味が悪いだけです。

筆者がリクルートに在職していた時、入社2年目でリクルート事件が起きました。社長が逮捕され、政治的なスキャンダルになった大事件です。そんな事件に似た出来事が、その後何度も起きましたが、「この事件はたちが悪いですね。社長が私腹を肥やすのが目的で、それに比べればリクルート事件は正当性がありましたね」と言われたことがありました。これには、私も「大きなお世話だ」と相手を怒った記憶があります。聞いていて虫唾が走るくらい嫌悪感を覚えたからです。

ところが、世間話をする立場にしてみれば、リップサービスのつもりで切り出してしまったのでしょう。そんな勘違いで人間関係を壊したくはありません。極力、もっと言えば絶対に他人の不幸を話題にするのは避けたいものです。自分の立場を軽くするだけで、何もいいことはありません。

緊張して堅苦しい話し方をする人

初めての人と話す時に緊張するのは当たり前です。ましてや、仕事で役職や立場のある相手となれば、緊張感はとても高まるものです。そんな緊張からやたらと堅苦しい話し方になってしまう人がいます。

もともと緊張するタイプのWさん（27歳）は、取引先との打ち合わせで担当者から、「ちょっと紹介したい人がいるのだけど、もう少し時間いいかな」と言われ、「いったい誰が出てくるのだろう」と不安に駆られドキドキしていると、担当者の上司が登場しました。「いつもお世話になっております」と挨拶された瞬間、Wさんの身体はコチコチになりました。「あの、あの、とんでもございません。よろしくです」と意味不明な挨拶をし、その後何を話したか覚えていないまま、面会は終了、貴重な機会を無駄にしてしまいました。紹介した担当者も「紹介しなければよかった」と後悔したはずです。緊張して言いたいことが言えなかったなんて、本当は言い訳にしてはいけません。しかし、同じような経験をした人は多いのではないでしょうか？

私も入社間もない営業時代に大企業の社長と1対1で面会した時、緊張感から「あの、高城と申します。会社はリクルートというしがない会社に勤務しております。そんな立場の人間が社長様とお時間いただけるとは夢のようです」。まるっきりへりくだってしまい、大社長に対し「ファンです」とでも言っているような状態です。こうなると相手は時間を取っている意味がなくなります。

私は何とか世間話でつなぎ本題にもっていこうと考え、立て直しに出たのですが、「ごめん、急な会議が入ってしまったので、あとは現場の担当を紹介するから、そことやってくれますか?」と丁寧な言葉ではありましたが、社長は明らかに場違いなアポイントと察し、逃げられてしまいました。

その後に、担当者と会えることにはなりましたが、「社長から言われたので会いましたけど、当方として相談したいことは何もありません」とピシャリ言われ、打ち合わせはジ・エンドとなりました。振り返れば、あそこまで緊張して堅苦しい話をする必要はなかったと後悔するばかりです。会話の中では、堅苦しい、「語ることなど何もございません」とか、「お役に立てるかわかりませんが」と自信がないように見える、あまりにへりくだった言葉を使ってはいけません。

さらに言えば上席（立場の偉い人）に対してはできるだけフレンドリーに、同列（立場が同じ人）に対してはできるだけ礼儀正しい接し方を心掛けたいものです。例えば、上場企業の大社長との面会で、相手は年齢もずいぶん上、会社の規模の差も大きいとなると、卑屈に考えてしまいがちです。その結果、緊張してしまい、堅苦しい話題を提供してしまうのでしょう。しかし、そんなに緊張した堅苦しい相手と会いたい人はいません。

「気にしない。気にしない。いつものように振る舞うだけ」と心に決め、楽しい場づくりを心掛けましょう。入社直後に緊張してしまって貴重な機会を逸してから5年後。私は別の会社ながら同じような大社長と1対1で面会する機会を得ました。今度は同じような失敗はしないと心に誓い、明るく親しげな態度で世間話を切り出しました。

相手は食品メーカーで従業員3000名、売り上げ1500億円、誰もが知っている商品がたくさんあります。通された応接室はフカフカの絨毯が敷かれ、大きなガラスケースに歴史を感じさせる過去の製品がズラリと並んでいます。待つこと10分。社長が登場。私は緊張を隠し、明るく朗らかに話を始めました。

「お目にかかれて光栄です。そう言えば、新商品の一口チョコが話題ですね。私も購入して食べてみましたが、軽くて男性でも平気で2個3個いけてしまいますね」と新製品について切り出しました。当然ながら「ご購入いただき、ありがとうございます」とお礼の言葉が返ってきました。

ここまでは順調な展開。ただ、問題はここから。改めて世間話をスタート。「最近は業績が好調ですから、新しい事業に対する投資などお考えと存じます。差し支えない範囲でお取り組みを教えていただけますか?」と切り出してみました。この会社は3期連続で増収増益、さらに円高で輸入原料の調達コストが下がり、当面の業績が好調そう……という情報を前もって入手していました。

するると、社長はうれしそうに答え始めました。「まさに、こうしたタイミングに新規事業を考えるのは重要なテーマ。お話しできる分野は限られますが、1つだけ申し上げると自社のスイーツショップを国内で展開する予定です。具体的なメニューは……」と新たな取り組みを聞ける機会となりました。さらに続けて「それは素晴らしいですね」「もう少し詳しくお聞きしてもいいですか？」と質問を加えていくと、世間話は大いに盛り上がっていきました。

そこで、頃合いを見計らって「大変、勉強になるお話ありがとうございました。さて、本日の本題ですが……」と話題を転換。提案したい内容を説明し始めました。すると、社長は「それは興味深い」と熱心に耳を傾けてくださり、「具体的に検討しましょう。次回は担当者を同席させますよ」と確約をいただけました。さらに、面会が終わり席を立つと見送りまでしていただき、「君のように当社を勉強してくれている営業マンと会えたのは久々だよ」とうれしそうな顔つきです。次回への期待を持てる機会となりました。

このように堅苦しい面会にならなかったポイントは2つあります。①相手のビジネスではめるポイントを1つ準備した②会社の業績に合わせて的確な質問をした、です。特に業績に合わせた質問が効果的だったようです。

ただ、方法は至って簡単。業績が好調な企業に対してなら「新たな取り組み」、業績が不調な企業なら「業務を改善する取り組み」を聞けばいいのです。経営者は必ずどちらかの取り組みで頭が一杯のはず。その的に合った質問ができたので「当社をよく勉強している」とコメントをいただけたのですが、事業に関する詳細な情報まで理解していたわけではありません。

このように立場の偉い人に会うときにはミクロ（細かな話題）より、マクロ（大枠の話題）を切り出すべきです。それを業績の好不調で2つ使い分ければいいのです。意外と簡単ではないでしょうか？

第　3　章

世間話には「狙い」が必要

長時間の世間話は嫌われる

ここまで何回も書いてきましたが、世間話はあくまで本題へのつなぎ役です。だからあまりに長く話していると「いつになったら本題に入るのか」と相手をせっつく気持ちにさせるだけ。早々に切り上げてしまったほうが得策と言えます。ここまで、

◆夢中になって時間経過を忘れてしまう人
◆相手も盛り上がっていると勘違いする人
◆話し出したらブレーキが利かない人

と、長々と世間話をする人がたくさん登場しています。もっとも、昔（10年前）なら長々とした世間話が多少は許容されていました。「疲れたから、外でお茶でもしない？」と声をかけてくる相手もいました。暑い夏には打ち合わせと称して外出し、かき氷を食べたり、寒い冬ならホットコーヒーを飲みながら野球や恋愛談議をしたこともありました。まるで学生時代に友人とお茶にでも行くような状態です。こうなると世間話というよりはひたすら「しゃべるだけの時間」でした。

ところが、こうした仲の良い相手と大きな仕事をした記憶はありません。何かの機会に「ちっちゃい仕事だけどお願い」と任されて関係がつながっていましたが、大きな取引があるところに比べると面会時間は極めて長かったはずで、ある意味効率の悪い仕事だったということになります。

現在多くの企業では、購買担当者が外部の取引先と面会する時間に制限をかけるようになりました。むやみに長く面会する担当者が現れて、コンプライアンスの観点からも癒着が生じないようにする配慮です。グループウェアに面会時間や面会場所を入力するのも当たり前で、スケジュールは社内の上司や同僚が確認できる「見える化」が行われるようになりました。

ですから不審を感じさせるような面会をすれば、「君はD社の営業担当と週に1回以上、しかも2時間かけて打ち合わせをしているが、目的を教えてくれないか？」と、すぐ周囲から指摘が入ります。管理部門も外部営業マンとの面会時間に対してマネジメントが求められるようになりました。ある意味で世知辛い時代になったのかもしれません。

ただ、そんな時代になっても世間話は必要です。むしろ、世間話の必要性は高まってきています。近頃は細かく刻まれた分単位で打ち合わせや会議を行います。管理部門によっては1日で会議や打ち合わせを3つも4つもこなさなければなりません。

部品商社に勤務するSさん（29歳）は管理部門に勤務していますが、基本的に「取引先との面会は1時間以内、上司にすべて内容を報告すること」と決められており、1日に5社も6社も面会をするのが当たり前です。ある面会は値引き交渉で「この価格での取引は難しいですね」とやや上から目線を演じないといけません。また別の面会ではお詫びにやってきた営業マンと上司に対し「それじゃ、困りますよ。もっとしっかりしてくれないと」とさらに偉そうな態度をせざるを得ない仕事です。ところが、面会が終わって職場に戻ると、上司に呼ばれ「この書類は不備だらけ。やり直しだ。いい加減なことやるなら会社に来るな！」と一喝されてションボリ、大いに凹んだ状態になりました。それでも凹んだ気持ちを切り替えて、次の面会に向かわなければなりません。

Sさんは「前の打ち合わせの気持ちを切り替えなければならないのですが、どうしても引きずってしまうことがあります」と本音を聞かせてくれました。このような時、仕事の本題に入る前にモードチェンジする役割として世間話が使えます。面会時間が限られている時代だからこそ、世間話を手短にして本題に向き合える場づくりをしたいものです。

例えば、昼休みが終わった後に面会のアポイントが入っていた営業マンのSさん（30歳）は、大急ぎで立ち食いそばを食べた後、約束相手のオフィスを訪れました。しかし、「お待たせ」と顔を出した相手の顔つきは明らかに不機嫌でした。この日のアポイントは午後1時から90分の予定です。気になったSさんは「昼食は食べたのですか？」と聞いてみました。すると面会相手は首を横に振り「食べられませんでした。上司が長々と話をするので打ち合わせが1時間以上も延びてしまったのです」とのこと。それでは不機嫌にもなります。

Sさんはここは短時間に切り上げようと決めました。そこで、相手の気持ちを察した世間話を手短にしてみました。「大変ですね。では、ランチの時間が取れるように打ち合わせの時間を短く済ませましょう。一つお聞きしたいのですが、昼食が食べられない状況は頻繁に起こるのですか？」と質問すると、相手は待ってましたとばかり、上司に対する不満をこぼしました。どうやら、自分の想いを長々と語ることが好きな上司のようで、それに巻き込まれて昼食抜きになることがしょっちゅうあるようです。

「それは大変ですね。でも、私の上司も同じようなものかもしれません」と共感する感想を返しつつ、相手の愚痴を聞きました。ただ、長くなると昼食の時間がなくなるので「もっと話したいところですが、本日はこのあたりにして本題に入りますね」とある程度、話を聞いたところで仕事の話に切り替えました。

結局、30分程度で打ち合わせは終了。「詳細をまた次回に聞かせてください」と声をかけ、相手のオフィスを後にしました。この相手とは以後も良好な関係で仕事ができているようです。相手の気持ちを察して打ち合わせを手短に切り上げたこと、加えて悩みを聞いて共感できたことが効果的だったのではないでしょうか？

このように世間話は相手の状況を踏まえ、限りある時間内で有効に行われることが大事です。相手の貴重な時間を使って世間話をしていることを忘れてはいけません。ですからあらかじめ本日はどれくらい世間話にかけてもいいのか、制限時間を決めておくべきです。その与えられた時間でお互いの関係が円滑になるように努めましょう。

世間話を仕掛ける5つの狙い

世間話には「狙い」があります。昼休みに同僚同士で「これだけ暑いと、かき氷とか食べたくない？」と和むために話す雑談とは趣旨が違います。余談ですが、テレビ番組の公開放送で本番前に観客に行う諸注意（見学マナー、携帯電話の使用など）に加え、コントや笑いを取る喋りの役回りを前説《まえせつ》担当と言います。お笑い番組では会場の雰囲気をよくするためこの責任は重大です。前説から若手芸人が数多く育ったとも言われます。

そんな前説は世間話と機能が似ています。その理由は「場を盛り上げる」明確な狙いを担っているからです。前説担当の仕事ぶりをみる機会は少ないと思いますが、機会があればご注目ください。狙い通りの成果が出ているかどうか力量を確認してみましょう。

さて、本題に戻ります。世間話にはどんな狙いがあるのでしょうか？　例えば、打ち合わせを始め、相手の顔つきを観察した時に、「ふぅ、本日は何の件だっけ？」と言葉を漏らしたとします。かなり不機嫌な雰囲気です。目を合わせず、表情が硬く、明らかにテンションが低い状態です。会議室に入ってきた瞬間から「帰りたい」モード全開です。このまま打ち合わせに入っても有意義な時間になりそうにない気配が濃厚でした。

そんな状況を打破するために、「ここからは別の仕事です。前の話題に引きずられないように気分転換しましょう」という狙いで、相手に気持ちを切り替えてもらうための世間話をします。そして前回の打ち合わせの内容を振り返るように紹介。それから「終わったら一杯やりましょうか？」と次に待っている楽しいことを連想させたりします。

あるいは、以前から「お宅に任せても大丈夫かな？」と不安を抱いていることが明らかな相手に対しては、「これまでの実績はバッチリなのです」とさり気ないアピールを狙った世間話をします。「話を聞いていて元気になってきた」と前向きさを醸し出す狙いの世間話もあります。いずれにしても世間話には狙いがあります。その狙いに合わせて、どのように世間話をすればいいのか？　ここでは5つに分けて紹介します。各々の仕事の状況に応じ使い分けてみるのがいいと思います。参考にしてみてください。

①信頼構築――「任せても大丈夫」「一緒に仕事したい」と好意を抱かせる

もし相手から「会った瞬間、君に仕事を任せようと決めた」と言われたらどうですか？うれしいような、不思議な気持ちになるのではないでしょうか。恋愛なら一目惚れがありますが、仕事では会った人に対し誰でもそれなりに警戒心を持つものです。「誠実そうに見えるけど、大丈夫かな」「何となく胡散臭い気がする」と感じながら、相手の観察をします。

その状態は心を開く（ラポールな状態）ではありません。

ちなみに人間というのは出会った相手を大きく3つに分けます。

◆また会いたい（関心がある、積極的な好意）

◆もう会いたくない（嫌い、苦手、拒絶したい）

◆どちらでもない（印象がない、どちらとも言えない）

の3つです。

大半の人はどちらでもない、事務的な面会なら厭わないが、わざわざ会いたいとも思えない、に分類されるでしょう。それでも相手が取引先の担当であれば事務的に淡々と会うはずです（何回も会う中で関心が高まり、また会いたい存在になることはあります）。このどちらでもない状態は信頼構築ができているわけではありません。いつ、ライバルの会社に出し抜かれ、取引がなくなるかもしれない不安定な状態です。それなのに、そうした危機意識がないビジネスパーソンが大半です。会社の看板（ブランド力・商品力）にぶら下がって仕事していることに気付いていないからです。

「どちらでもない」ではなく、できれば「また会いたい」と好意を抱かれるような存在を目指したいものです。その第一歩はラポールな状態を構築することです。もっとも、仕事で接する相手の本心はなかなか見えません。「そうですね」「いいですね」と愛想がいいだけで、ラポールが構築されていると思ったら大間違いです。相手は「どんな奴だろう」と冷静に観察（値踏み）していると思ったほうがいいでしょう。

そんな値踏みをされて「どちらでもない」と烙印を押されたら、「また機会があれば……」と言われ、二度と会わないことになる可能性が大です。

会いたいと思われる巧みなアピールを世間話で仕掛けたいものです。長年人事部に勤務し、数多くの営業マンと接してきた知人に、「また会いたくなる存在」になるにはどうしたらいいのか訊ねてみたところ、「この人となら仕事をしてみたい」と感じてもらうのが必要とのことでした。これまでと違う高い満足度が得られるかも、新しい発想から刺激的な提案をしてくれるかも……と期待値の高さを感じさせることが大事なようです。

世の中にはこのように期待値の高さを感じさせて、業績をあげ続けているトップ営業マンが何人もいます。私は、大手生命保険で伝説のセールスと呼ばれるS氏、日本で一番ベンツを売る男と呼ばれるK氏など、こうしたトップ営業マンを何名も取材してきましたが、確かに初対面から期待を感じさせる人ばかりでした。

ここでお一方を紹介しましょう。機械部品商社の営業マンとして常に高い業績をあげているDさん（37歳）で、新規開拓は社内ナンバー1と言われる営業職です。活躍の秘訣を訊ねたところ、初対面で交わす世間話の工夫が重要と力説します。具体的には「この仕事をして10年以上になりますが……」「厳しいご要望をいただけると燃えますね」と、さり気なく経験や意欲を織り交ぜているとのことです（Dさん曰く、仕事の本題に入ってから切り出すと手前味噌な、単なる自慢話にしか聞こえないそうです）。

確かに、さり気ない自己アピールの機会に世間話は効果的です。Dさんは世間話をきっかけに社内で「難攻不落」と呼ばれる会社の担当者と仲良くなり、大型の新規受注をいくつも取っています。信頼の醸成は世間話から始まったようです。ここで注意したいのは、相手から「すべて任せられる」と思われるような深い信頼を獲得したわけではないことです。新規の受注を獲得できたことは「お試し感覚」の信頼を得たに過ぎません。営業マンは浮かれることなく、さらなる信頼獲得のための努力を怠ってはいけません。

そんな戒めの言葉をくれた人がいました。入社2年目の私の上司であった藤原和博氏（民間出身の区立中学校長として話題になりました）です。藤原さんが「深い信頼がなくても仕事を任されることがある。1回限りのお試し発注だ。ただし、このお試しで裏切ったら次はない。信頼は期待に応えた結果の積み重ねでしか深まらない」と話してくれたことを強く覚えています。仕事で高い満足を提供し続けないと、本質的な信頼を勝ち得るのは難しい……と言いたかったのでしょう。

確かにDさんの得た信頼は「試しに任せてみよう」と思われたレベルかもしれません。深い信頼を得るまでには、まだ長い道のりが待っています。その点を誤解なきようにしたいものです。

そうは言っても「試しに任せてもいい」と思ってもらえるのは光栄なことです。相手に信頼される第一歩を踏み出したのは間違いありません。相手の態度や話しぶりから推察し「大丈夫でしょ」と思える何かを感じるから、「お願いします」と仕事を任されたはずです。

では、お試しをしたくなる要因はどこにあるのでしょうか？　それは「印象がグッド。仕事してみたい気がする」と、安心までは至らないものの、「好意」を抱いたからです。誠意や意欲のアピールにおいては、伝える言葉以上に立ち振る舞いを意識すべきです。アメリカの心理学者アルバート・メラビアンが提唱したメラビアンの法則によると、人が他人に与える影響は、話の内容などの言語情報が7%、口調や話の早さなどの聴覚情報が38%、見た目などの視覚情報が55%の割合だそうです。すなわち、話している時の「動き」の印象が一番大事なのです。

例えば、握りこぶしで自信を示す、前のめり姿勢で意欲を見せる、大きくうなずき、関心の高さを示すなど、動きを示すことで印象度は高まります。逆に表情が硬く、固まったような態度だと、いくら魅力的な自己アピールを織り込んでも、忘れ去られてしまうことでしょう。身体をリラックスさせて動きを伴った話し方を心掛けてください。

②情報収集――「キーマン」「ボトルネック」「優先課題」など隠れた情報を聞き出す

仕事で会った相手に対しては簡単に心を開かないもの……と、先ほど述べましたが、これを加速させる要因が最近になって出てきました。それは「騙されたら大変」という警戒心からではありません。誰かに何か新しいことを任せるなら、「比較検討」するのが必須の時代になってきたからです。

例えば、あなたが名刺管理ソフトを購入するとして、1人の営業マンだけ呼んで「基本的にお願いしたいので安くして」と発注するのは社内でNGとみなされるはず。よりよい機能でより安く購入するため複数の提案・見積もりで比較検討しないと、会社に不利益を与えるリスクがあるとみなされます。CSR（企業の社会的責任）の観点からしても致し方ないことかもしれません。

こうした比較検討が必須の時代になると、自分自身の中で公平性を保つため、仕事で会った人との関係では距離を置くようになります。例えば、昔なら営業マンと購買担当者が勤務時間中に外出してランチをしたり、「今度ゴルフでも行きましょう」と公私が入り交じった関係になるのも普通の光景でした。そうした時代にはとにかく、たくさん会う、何回でも訪問し「深い関係」になることを求める営業が当たり前でした。

その典型が製薬業界のMRです。取引先の病院関係者と毎日のように会食し、べったりの関係になるのが重要な営業戦略と、誰もが認識していました。ところが、最近は営業マンと「社外で会ってはいけない」「打ち合わせ時間は30分以内」と、つきあいにブレーキをかける風潮が各企業で進んでいます。

ですから、「どの会社とのコンペですか?」「予算はどれくらいあるのですか?」と聞かれても、「君だけに教えるよ」とはいきません。悩ましいことですが「それは言えません」と頑なな態度の関係になりつつあります。ただ、それでも優れた営業マンはお互いの距離を少しでも近づける努力をして提案機会を増やし、的確な情報を入手することに奔走します。

以前ならレストランや飲み屋が主戦場と豪語していた営業マンも、昼間の会議室や応接室で取引先の本音を聞き出さなければなりません。硬すぎず、くだけ過ぎず、頃合いのよい世間話をしなければなりません。

例えば、営業先の担当者と新規打ち合わせをする時に本心としては、最終決裁者は誰なのか、ライバル会社はどこか、最近の優先課題は何かを知っておきたいものです。しかし、「我々のライバル会社はどこですか」とはなかなか聞けません。あるいは「この稟議は社長決裁ですか」と訊ねても、「窓口は私だ。信用できないのなら提案は不要」と気分を害されてしまうかもしれません。

そこで世間話の合間に巧みに聞きたいことをしのばせましょう。テクニックは「ちなみに……」を使い、世間話の最後にさりげなく聞いてしまうことです。まずは普通の世間話。

「1　意思決定のルール決めが難しい時代になりましたね」と相手に質問をぶつけます。ライバル会社を聞きたいのであれば「2　管理部門が誰に発注するか、パートナー選定が難しい時代になりましたね」。優先課題を聞きたいのであれば、「3　企業の課題設定が難しい時代になりましたね」と質問してみるのです。

要は「○○が難しい時代になりましたね」と質問をぶつけるのです。例えば1の質問をして「そうなのだよ。何事も公平性を求めるあまり、誰に任せていいか？　手間ばかりかかって仕方ない」と返ってきたら、相手の気持ちを汲んでください。おそらく、職場に対する不満なども出てくることでしょう。

こうして相手の話を十分に聞いたら「ちなみに」を使ってみましょう。「ちなみに……当社からの提案だと最終決裁者はどなたですか？」と質問すれば、「今回は管理部長だね」とあっさり情報が入手できるかもしれません。私も「ちなみに」を使って様々な情報収集をしたことがあります。是非試してみてください。

③気分転換――「前の仕事」「気になること」から気持ちを切り替えさせる

仕事に追われる平日の午前9時～午後5時。打ち合わせ相手との時間調整や会議室の確保は手間がかかる作業です。これを簡便にしてくれたのがグループウェア。社内の同僚との予定調整もネットワーク上で簡単にできます。さらに取引先への訪問予定に「やるべき業務＝To Doリスト」を連動させれば、手帳が不要になります。ネット環境の進化でスケジュール管理は劇的に進化しました。もっとも悩ましい問題も出てきました。社内の同僚が自分の予定を知ることができるのです。

「プライベートの予定も忘れないように入れています。ですから合コンの予定まで社内にバレバレです」と教えてくれたのは、大手ビール会社に勤務するWさん（27歳）です。Wさんのグループウェアのスケジュールを覗いてみましょう。びっしりと1時間単位で営業・打ち合わせの予定が記入されています。ちなみに、現在の時刻は午前11時を少々超えたところ。打ち合わせに参加する隣の職場のZさん（29歳）が会議室でWさんを待っています。「遅いな、次の予定が12時にあるから遅れると困るな」と少々いらついた様子です。

Wさんのこの日のスケジュールは以下のとおりです。

午前10時～　営業会議（売り上げ確認）

11時～　打ち合わせ（納品確認）
午後1時半～　S社訪問（新商品の紹介）
3時～　D社訪問（クレーム処理）
6時～　会食（プロジェクト打ち上げ）

するとと「遅れてごめん」と15分遅刻でWさんがやってきました。Zさんは「待たせるなよ！」と文句を言おうとしたのですが、言葉を控えました。Wさんの顔の表情は暗い感じで、目もややうつろ。普段は明るく元気に声が弾むタイプなのですが、様子が違います。「そうだね」と返事はするものの、声が小さくて話を聞いている気がしません。それでも時間が限られています。気にせず本題となる納品の打ち合わせを進めました。すると、冒頭からのまま「そうだね」と返事があるだけ。何も決まりません。結局、タイムオーバーとなり、打ち合わせは翌週に持ちこされました。あまり有意義な時間にはならなかったようです。では、本当はどうしたらよかったのでしょうか？

後日、Wさんに当時の状況を訊ねたところ「営業会議で上司にきつく叱られた上に、無理難題を突き付けられた。その対処に頭を巡らせていたので集中できなかった。Zさんに済まない」と本音を教えてくれました。前の仕事のショックを引きずったままで打ち合わせに参加したので、気持ちを切り替えることができなかったのです。もちろん、前の仕事を引きずりたいと思う人はいません。ただ、インパクトの大きなことがあると、次に引きずってしまうのはわからない話ではありません。

さて、仕事においてはプロとして喜怒哀楽を抑え、淡々とこなしていきたいもの。しかし時には不安定な感情を次の仕事に持ち込んでしまうことがあります。先ほどのWさんだけでなく、浮かれ気分（管理職に抜擢された、大きな打ち合わせが決まった）、凹んだ気分（大きなクレームを受けた、不本意な異動になった）、怒った気分（部下や相手に裏切られた）などが次の仕事に持ち込まれてしまうことはよくあります。時には平静を装いながら心の底では怒りに震えていることがあるかもしれません。そんな状況を察し、相手の気分を転換するための世間話をすることも大切です。

そんな時には、「顔色よくないですね。体調が悪いのですか？　それとも上司に叱られたのでしょうか？」と切り出すべきではありません。プライドが傷つくだけで逆効果にしかなりません。私も経験があります。取引先に依頼された仕事を忘れてしまい「そんないい加減な奴とは取引はしたくない」とこっぴどくお叱りを受けた後で、社内の営業会議に参加した時の話です。

「何か元気ないよな？　クレーム処理だったのかい。大変だよな、わかる」と共感してくれたのは1つ先輩のT部長です。確かに相当に厳しい罵声までも浴びたので、凹み方がわかるくらいだったのでしょう。ただ、そんな状態で同情の言葉をかけてもらうのはうれしくありません。「放っておいてくれ」が本音です。職場では慰めは誰も求めていないのではないでしょうか？（最近の若者は職場でも仲間意識が高く、お互いに慰め合うようですが）

ですから、大事なのは「次の仕事に向き合ってください。気分を変えてください」と諭すことです。Wさんの顔色が悪いことはわかっていても、そのことについて訊ねるのは避けるべきです。それよりは、これから始める仕事に集中できるきっかけとなる世間話をしてください。

「先日の報告書はよくできていたよ。勉強になりました」と、相手の気分が高まるほめ言葉をかけてみてください。相手が「顔色を見て気を使ったんだな」と感じたとしても、次の仕事に向かうきっかけ作りには十分ではないでしょうか？　このほめ言葉に対して「ありがとう。そちらは忙しいの？」と話しているうち、気持ちも整理され、目の前の仕事に向き合える状況ができてくるはずです。

まずは、相手に仕事ぶりを話してもらう時間をつくることによって十分気分転換となります。相手の表情が豊かになり、仕事に向き合う状況になるまで、短くても世間話をしてみてください。きっと有意義な時間となるはずです。

④肯定的な状況――「前向き」「やる気」が高まり、何事もイエスと思える気分にする

突然ですが、あなたがテレビの討論番組にゲスト出演したとします。『朝まで生テレビ』でも『たけしのＴＶタックル』でも構いません。そこで司会者から「日本が平和で子供が幸せになれる国にしたいですね」と質問されたら、きっと「それはそうでしょ＝イエス」と答えることでしょう。子供の幸せを願わない大人はあまりいませんから、教育環境の整備や子育てにかかる費用を国がもっと負担すべき……と持論を展開することでしょう。しかし、その後に「だったら消費税は倍にしてもいいですよね？」と話題が転換したら、どうでしょうか？　要は学校教育や子育てのための財源が確保できないから消費税を倍にしたいという論法です。この飛躍した発言には感情が高ぶり「消費税が上がれば負担が増すから嫌だ」と怒り心頭になるかもしれません。

もっとも、これは前にイエスと答えた内容から派生した話題です。ここは感情を抑えて「であれば、学校教育などに用途を制限した税を考えるべきですね」と回答するのが礼儀です。熟考して代案を提示するか、合理的に無理な理由を説明すべきでしょう。「何をざれごと。ふざけるな」と真っ向から否定はできません。1回でもイエスと口に出した話題について、人は前向きな展開をしたいと考えるものだからです。

では、もっと現実的な場面で考えてみましょう。職場の同僚が午前11時半頃、「ランチはやっぱり外で食べたいね。お弁当もいいけど、店で食べながらワイワイやるのがいいな……」と世間話をしていました。あなたも「確かに、お弁当より外で食べるのが好きだな」と前向きな雰囲気になっていました。すると時刻は間もなく12時、ランチの時間です。それじゃ、外で食べようかと思っていたところ、同僚が困った提案をしてきました。「横浜まで中華を食べに行こう」と言い出したのです。さて、あなたはどうしますか？　ちなみに会話している場所は東京都内とします。東京から横浜まで往復約1時間。ランチタイムは同じく

1時間。食事時間はありません。移動だけで昼休みが終わってしまいます。「時間が足りない」「発想するセンスを疑う」「何か下心でもあるの」とネガティブなことを考えてしまいがちです。

それでも、あなたは前の質問に同意していますから、ここは妥協案を提示するはずです。「横浜は無理だよ。近場でどうですか」。一旦は盛り上がった気分を壊さないように「中華なら隣のビルにあったよね」と、代案を示して目的に近づける努力がなされることでしょう。やはり、前向きになった状態は、壊したくないと思うからです。

さて、ここまで極端なケースを考えてみました（無理な設定ですいません）。それでも人はまずはイエスと肯定的に答えられる世間話をすれば、次の展開を前向きに捉えようとするものです。

もっと簡単なケースを考えてみましょう。次のような取引先と営業マンとの会話があったとします。

営業「4月になると管理部門は社員の受け入れ準備で大変な時期ですね」

取引先「その通り（イエス）。教育研修や配属先への通達業務など多忙を極めます」

営業「やはり。そうですか。そんな業務を緩和する仕組みが弊社にございます。一度ご覧になっていただけますか」

取引先「いいね。一度見せてもらおうか」

このようにイエスが最初に口に出れば、会話はスムーズに運びます。さらに、相手がイエスと3回続けて答える話題を提供できたら、本題への展開としては最高です。相手が前向きになる状態を段取れること間違いありません。

これは恋愛の場面において、相手にプロポーズして断られない必殺のテクニック「イエスセット法」と同じです。人間には「何度も同意していると、すぐには反論しにくくなる」という一貫性の法則があり、これを利用すれば、迷っている問いに対してもイエスと回答してしまうのです。

例えば、デートに誘いたい彼女に対し、「このところ、晴天が続きますよね」「天気がいいと、どこかに出かけたくなりますね」「ドライブとか気持ち良さそうですね」と、イエスと言わざるを得ない話題を繰り返します。

何回もイエスと答えていると、「この人、大丈夫かしら」と疑ったり、否定する気持ちが徐々に排除され安心感が芽生えてくるものです。結果として前向きな雰囲気が生まれます。こうして、地ならしができたら本題に突入です。「来週ドライブに行きませんか？ 海辺のドライブが気持ちいい季節ですよね」とデートに誘ってみましょう。すると不思議なことに「ええ、是非とも行きましょう」とイエスの答えをもらえる可能性が大です。戦略は大成功となりました（めでたし、めでたし）。

こうしたイエスセット法のテクニックは仕事の世間話でも同じように活用できます。例えば、何となく重苦しい状況になりそうな仕事の打ち合わせの時は、いきなり本題に入るよりも前向きな気分になる世間話で場の空気を変えます。「なでしこジャパンの活躍による経済効果は大きなものがありますね」「円高を追い風にして堅調に売り上げを伸ばす小売業があるのはご存知ですか」と肯定しやすく、前向きになる話題を提供しましょう。

間違っても「ギリシャはどうなるのでしょうか？」とネガティブな話題はご法度です。新聞記事からテーマを見つけるなら、希望のある話題、元気になる話題を探してください。1面を飾る話題のニュースにこだわることはありません。

余談ですが、テレビの情報番組を見ていると、後ろ向きの暗い事件ばかりクローズアップする傾向が気になります。日本が元気になって欲しいなら、多少は意図的に前向きなニュースに注目して欲しいと願う毎日です。

⑤刷り込み――本題で伝えたい趣旨を事前に認識させる

世間話はあくまで本題につなげる役割なので、お互いリラックスして気持ちが前向きになる場づくりになればいいのですが、もし可能ならば本題で伝えたい趣旨の予告編となる役割を担いたいものです。この予告編とは「大事な打ち合わせですよ」とか「値引きは難しい」「本日中に結論を出しましょう」と、本題で相手に認識して欲しいことを刷り込むことを意味します。

例えば、本題でニューモデルの商品を案内し、「これは面白い商品だね」と相手に興味をもってもらいたいとしましょう。ところが、ニューモデルゆえネガティブな反応を示す人もいます。後継商品で安く優れたものが登場して、「営業に騙された、焦って買うのはリスクがある」と痛感した体験があるからかもしれません。しかしニューモデルというのは常に登場します。「次まで待とう」と考えていたら、いつまで経っても買うことはできませんから、誰かが背中を押す必要があります。

そんな、ニューモデルに対するネガティブな考え方を、本題に入る前に多少でも払拭しておきたい時には、「最近、新しい車を買いました。ニューモデルですが、やはりいいですね。他の人より先行している気持ちになります。ある程度、街で見かけるようになってから買っても時すでに遅し……と思ったりします」と、新商品を誰よりも早く買うことの心地よさを話題に世間話をし、「新商品は早めに買うと気持ち良い」と刷り込む工夫を仕掛けてみたらどうでしょうか？

それから本題に突入するのです。新商品の案内をする時にも、「ニューモデルは素晴らしい」と連呼して、前向きな状況を醸成します。このように本題で伝えたいことを置き換え、刷り込んでみましょう。

もっともこれは少し高度な手法です。例えば、提案したい商品のセールスポイント――「早い」「安い」「簡単」、議論で大事にしたいテーマ――「慎重」「大胆」「革新」、などをテーマに世間話をします。本題で大胆な発言を期待しているのなら、「検索サイト大手のY社が役員陣の大幅な若返りを図りましたね。やはり、若返って大胆な変革が期待されているのでしょう。大胆に変えることって大事ですよね」と大胆を奨励・称賛する世間話をして本題につなぐことで刷り込みが多少はできるはず。外堀から埋めるようにジワリと攻める戦略です。相手からすれば「気がついたら重要なことを認識していた」といった状態に持ち込まれる気分かもしれません。

いずれにしても相手にうまく刷り込んでいくために、世間話を活用してみましょう。

第　4　章

では、何を話題にすればいいのか?

「狙い」を目指して話題を選択

仕事は目の前にある課題をコツコツとこなすことが大切です。交通費の精算や企画書の作成など地道な仕事もしっかりとやり切る意識を持ちたいものです。仕事においてはいわゆるPDCAのプロセスが必要です。PDCAとはPLAN（目標を設定、計画）、DO（目標をもとに立てた計画通りに実行）、CHECK（目標通りの成果が出たか、結果を検証）、ACT（やり方を改善）で、成果は決めたことを地道に繰り返すことで導かれます。

ただし、コツコツとやるべきことをやるだけでは、いつまで経っても職場のリーダーにはなれません。リーダーになると、やるべきことを自分で考え、行動することが求められます。そんな行動の基盤となるのが戦略的思考です。最近よく耳にする言葉です。

戦略的思考とは、あるべき「狙い」を想定してから仕事にとりかかることです。大前研一氏が書いた『企業参謀――戦略的思考とはなにか』という本で知った人も多いようですが、リーダー育成のプログラムに必ずと言っていいほど登場します。世の中が不安定になると、リーダーは目指す方向を示すことが強く求められます。ですから、現在のような経済環境は戦略的思考が不可欠とも言えます。

戦略的思考は映画作りにも似ています。世界中の映画はどれも、最後には何らかの結末を生み出すように物語が設定されています。その結末は観客が抱く感情（「感激」「驚き」など）を想定し、シナリオがそれに沿って組み立てられます。例えば、クライマックスで予想もつかない大逆転が起きて「これはびっくり、予想もできなかった」と思わせるような、登場人物の役回りを巧みに構成した作品は、興行収入も増え、成功作品になることでしょう。

一方で「思わず涙する」場面が作為的で、しらけるなと思われてしまう作品は、専門家からも酷評され映画館に閑古鳥が鳴く状態になるはずです。映画の評価は、クライマックスで観客がどのような感情を抱けるかにかかっていることが多いようです。こうした「狙い」を想定した戦略的思考がなければ、仕事においても閑古鳥が鳴く結果になりかねません。

例えば、エンジニアが一生懸命に開発した会計ソフトの場合、エンジニアが「自分なりにいいものを作った自負がある」と言っても、市場にもっと安価で高性能なサービスがあるならば、単に売れない商品でしかありません。もし前もって「今後、求められる会計ソフトはどのように進化するか」というあるべき姿を想定し、開発を始めていれば競合ソフトの存在もつかめたでしょう。いずれにしても戦略的思考によって狙いを想定した仕事の進め方が求められる時代になりました。

さて、世間話においても戦略的な思考が必要です。あくまでも目指す姿＝狙いを想定し話題を考え、時間を配分し、本題につなぐタイミングを考えましょう。前章で登場した5つの狙いを目指して世間話を組み立てましょう。まず、大事なのはテーマ選びです。世間話にかける時間は限られています。2つも3つも話題を提供していたら、本題の時間を削ってしまいます。基本はワンテーマです。「狙い」に合わせ設定しましょう。そのテーマはどこから探せばいいのでしょうか？

一番手軽なのは新聞記事です。仕事をする者同士で「新聞記事に出ていましたが」と共通認識をしやすいからです。さらに、最新の情報が紹介されていますから話題に事欠きません。私も若い営業時代から新聞記事を見て世間話のテーマを考えたものです。

朝届いた日経新聞を電車での移動中に読みながら出勤します。1面に並ぶ「金融再編」など大がかりな記事から、トキの繁殖が紹介された社会面まで、必死で目を通した記憶があります。

リクルート社では少々意地悪な役割を若手社員に課していました。その役割とは職場の朝礼時の「社内の先輩にも知って欲しいニュース」というコーナーの発表者です。若手社員が自分なりの視点で見つけた記事について「みなさんにも知って欲しい」理由を解説するのです。

「私が選んだ記事は○○商事の海外展開についてです。その理由は……」と説明すると、先輩たちから「役立つ情報とは思わないよ」と厳しいダメ出しをくらいました。懐かしくも、つらい思い出です。ただ、こうして新聞を読むことで世の中の一般的なニュースを他人事から自分事に置き換える意識が身についた気がします。さて、みなさんも身近なニュースからネタを探し世間話の題材に利用してみましょう。

世間話の題材を考えてみる

前提：今日の午前中に初めて訪問するお客様との世間話を考えてみる。訪問先は小売業

目的：初対面のため、信頼を獲得し、また会いたいと思っていただけること

準備：①新聞に目を通す（コラムのコーナーも含む）

②相手にとって重要度が高いと思われるテーマを1つ選ぶ

今回は次のような記事に目が留まったとします。

「○○商事の▲▲社長は、ベトナム南部の商都ホーチミン市で開いた記者会見で『ベトナムで短期間のうちに複数店舗を展開したい』と述べ、今後5年で約200億円以上の投資を行うことを明らかにした。2014年初頭に同市内でベトナム1号店を開業、20年までに同国全土で展開予定」

この記事をテーマに世間話を考えてみましょう。

世間話のステップは次の通りです。

①世間話の基本は「質問」から始める

「本日の日経新聞に○○商事がベトナムに大々的に進出すると書かれた記事が載っていましたね。御社はベトナム進出のご予定はございますか?」と、会社と担当者の意向を質問。アジア市場に対する期待と不安をいろいろ聞き出すことでお互いの距離を近づけます。

②自分なりの意見を述べる

「ベトナム市場は難しいですね。ただ、日本に対する期待は下がっていない気がします」。

これなら十分な知識がなくても意見を言えます。「素人考えかもしれませんが」と予防線を張って、記事を読んだ感想を述べてください。一方的に聞くだけでなく、コメントをすることで相手との距離がジワリと近づくはずです。

③ひたすら相手の話を聞く

世間話は結論が出なくてもかまいません。長くても10分の、本論につなげるための会話です。できるだけ聞き役になって相手の話を引き出しましょう。効果的な方法として、次の3つがあります。

◆知らない言葉は質問する

◆「その通り」とうなずく

◆否定的な発言を慎む

特に否定的な発言は注意しましょう。「ベトナムの実態をご理解していないようですね」と反論したくなるような発言を相手がした時も、グッと堪えて聞きましょう。聞き役に徹する意識を持つくらいでちょうどよいのではないでしょうか？　こうして準備した話題で十分に盛り上がったら「そろそろ」と本題に入りましょう。

④収穫を確認する

訪問先の会社で問題意識が高いテーマを材料に十分に話ができ、さらに控え目ながら意見を述べる姿を示すことができましたから、信頼は高まったのではないでしょうか？

このような段取りを5分（ないしは10分）1本勝負で行います。当初は題材選びで外すことがあるかもしれません。もし、準備したニュースで質問して「そんなニュース知らないし、関心ないよ」と言われたら、世間話は終了です。何回も試みることで、的の合った題材を選ぶことができるようになるはずです。

手間のかかる情報収集はいらない

世間話をするための準備は必要です。しかし、「やるべきことがたくさんあるので、あまり準備に時間はかけられない」と考えるのはごもっともです。あまりに面倒な段取りだと「やーめた」となるのがみえています。一例を紹介しましょう。真面目さが評判の営業Hさんは「世間話は大事だから準備をしっかりやりたい」と決意し、取引先の業界専門誌を定期購読したり、図書館で専門誌を読んだりと話題を広げるために素晴らしい努力を重ねました。

しかし、その努力は頓挫しました。

その理由は、上司がHさんの取り組みに気づき、「そんな無駄なことは止めなさい」と制止したからです。「君の世間話に対する準備の努力には敬服するよ。ただ、その結果もっと大切な仕事がおろそかになっているのはいかがなものか?」。Hさんは納品したお客様への対処でミスが続いていました。それでは上司は心配になります。

Hさんは行き過ぎた行為だったと、世間話に割く時間を大いに減らすことにしました。確かにHさんのように本来の仕事でマイナスとなったら意味がありません。もっとも、こうした情報収集に時間をかけることは大事なことです。これまで私が出演したテレビ番組のキャスターや司会の方々は、視聴者からすれば他愛もなく感じる世間話でも、実は時間をかけて準備していました。それも半端でないくらいに丁寧に。一度、収録でご一緒した米国人コメンテーターなど「洒落に思えるコメントを1つ考えるのに、1時間以上の準備をすることもあります」と教えてくれました。それだけ発言に対して責任をもっている証拠です。

さて、そうはいっても皆さんがこの米国人コメンテーターと同じくらいに時間と手間をかけるのは物理的に不可能です。無理をして仕事にしわ寄せが及ぶくらいなら、継続可能な方法できっちりと続けたほうがいいに決まっています。

時間をかけなくても情報が集まる仕組みをつくっておきましょう。その集まった情報から話題になる題材（ネタ）を選びます。「世間話は質問から始まる。質問を準備すればＯＫ」なのです。ここまで書いてきたように、様々なコメントをすることもありますが、準備すべきは「質問」です。間違っても相手に意見し、相手を言い負かす準備などは不要です。Ｈさんのような専門誌やマニアックな情報サイトからの情報収集は不要です。

「みなさんはご存じないかと思いますが……」ではなく「みなさんもご存じのように……」のレベルで情報収集をしましょう。情報収集の代表的なソースになるのが新聞です。加えて誰もが見ているニュースサイトや朝の情報番組で紹介されている出来事。これくらいで十分です。

改めて紹介すると、

◆日経新聞
◆ヤフー、グーグルのニュースページ
◆モーニングバード！、とくダネ！、おはよう日本など朝の情報番組をざっとみる時間だけ取りましょう。ある意味でこれだけ目を通せば十分です。もし、追加したいニュースソースがあれば加えても構いませんが、仕事で使うことを意識すると増えすぎるのは賛成しません。もちろん、雑誌や書籍も読むでしょう。ただ、それは仕事上の必須と考えずに好きで読めばいいのではないでしょうか？　そして、基本とするニュースソースに対しては目的意識をもってみることを心掛けましょう。

まず、本日の仕事で会う相手を想定します。その相手の企業名、業種、担当者の人柄、関心事、そして一番大事な「狙い」を頭に入れて、「世間話のシナリオとなる材料探し」を強く意識してニュースソースに注目しましょう。

漠然と情報を読んでも右から左に流れて消えていくだけです。そうした目的意識をもって情報を眺めていると、「これは重要」と思えるテーマに自然と注目がいくものです。そのテーマを使って世間話を組み立ててください。

よく世間話の時に自分の自慢をうれしそうにする人がいますが、仕事上の相手に自慢話をしても、得することはまずありません。むしろ「損する」かもしれません。そう言えば、以前、立ち寄ったシステム会社の営業マンの自慢話には少々閉口しました。彼は大学時代に体育会ゴルフ部に所属していました。「いい体格しているね。何かスポーツしているの？」と聞いたところ、「学生時代からゴルフやっています」と教えてくれました。

その後に親しくなり、私もゴルフをやることは伝えたのですが、それ以来、「高城さん、今度一緒にゴルフ行きましょう、最近はまったく練習していないので80台でしか回れません」とラウンド（一緒にゴルフをすること）を誘ってきますが、その合間に「学生時代のフォーム見てください。この時には71を出したのですよ。確かドライバーは320ヤード飛びました」とさり気ない自慢話をしてきます。ちなみに私は100を切ったことがありません。コメントに窮することばかりです。

さて、他人の自慢話を喜んで聞くような奇特な人物はまずいません。もし聞いた時に「すごいですね」と反応していても、心の底では「自意識過剰なのじゃない？」と冷めた気持ちでみているものです。例えば、居酒屋で上司と日本酒でも飲みながら「聞いてください、日本酒のきき酒師の資格を取りました」と自慢話をしたとしましょう。

上司は「そうか、大したものだ」と反応してくれるでしょうが、もしその後も日本酒について話を偉そうに語り続けたら、上司は冷たい態度に変わることでしょう。「どうもこいつは押しが強すぎる」と、不快に思われてしまう可能性さえあります。まさに控え目なスタンスが重要なのです。

前述のように、聞いて欲しいことがあれば、相手に質問するのが鉄則です。ちなみに優秀なビジネスパーソンが集まる会合では、誰も自ら自慢話をしませんが、自然とお互いの自己アピールができていたりするから不思議です。

ある経営者3名の会話

「〇〇社長。お元気ですか？　そう言えばベストスコア出したのですよね。いくつで回ったのですか？」

「自慢するほどではありませんよ。ちなみに78です。そう言えば▲▲会長は業界で表彰されたのですよね。おめでとうございます。何という賞ですか？」

「大した賞ではありませんよ。長年、業界に貢献したことを称した大臣賞です。ただ、この年でいただいたのは業界で初めてですけどね。そう言えば、◆◆社長は会社を1つ買収したと新聞に書かれていましたね。海外の企業ですよね」

「どうなるかわかりませんが、中国の派遣会社を買収しました。ちなみに中国ではナンバーワンの企業ですけどね」

と、誰も自らは自慢話を切り出していないのに、お互いの主張がなされています。ちなみにこの会話が成立している最大のポイントは「相手のことを勉強している」ことです。相手のトピックスを事前に調べているから、お互いが質問をしながら気持ちよく話せているのです。大いに参考になるケースではないでしょうか。

さて、皆さんが世間話する時に大事なことは、自分の自慢話ではありません。それより相手が気持ちよく本題に入れるため世間話でつなぐことが大事なのです。ですから、相手に対し、「日本酒は好きですか?」「ゴルフはやりますか?」「海外旅行に行かれますか?」「B級グルメは好きですか?」と聞いて、盛り上がりそうな題材の質問をしてみましょう。それで相手の自慢したいテーマに当たったら、徹底的に質問して盛り上げればいいのです。

もっとも、「自分のアピールポイントで仕事上伝えておきたいこと」をどうしても伝えたい時はどうすればいいでしょうか? 例えば、中国に留学経験があるのでアジアの仕事なら任せて欲しいとか、日本酒をきっかけに接待に誘いたい……というような意図がある場合です。別にゴルフ上手を自慢したい時ではありません。

　そんなアピールポイントを相手に刷り込むための秘策があります。ポイントは「全然大したことないのですけどね」と控え目な態度を示すことです。例えば、あなたが世間話の合間に上司に対して経営をやってみたい……と刷り込みたい時は「経営者になりたいのです。是非ともやらせてください。国内ですがビジネススクールに通ってMBAも取得しました」と直球の自己アピールをしても、裏目に出て「出しゃばり過ぎ」とか「もっと控え目な態度をできないと無理だな」と思われる可能性があります。外資系ならばストレートにやりたいことを主張するのもありでしょうが、国内系の企業には相変わらず「出る杭は打たれる」風潮が残っています。

　実際、私が取材したDさん（32歳）は職場で上司に「将来は子会社の経営に関わりたいのでビジネススクールに通っています」とキャリアプランを披露したところ、「それは俺と離れてM部長と仕事したいということなのだな、わかった」と誤解を受けてしまう羽目になりました。上司とM部長は社内で別の派閥に属しており、何をやるかでなく誰とやるかで職場を変わりたいと思われてしまったのです。その後は上司との折り合いが悪くなり、地方に転勤させられてしまったそうです。やはり、身の振り方に関する発言は気をつけたほうがいいです。

では、どのように話すのがいいのでしょうか？　先ほども説明したように、まず極力控え目な態度を心掛けることです。「現在の仕事でさえ修行の立場ですが、将来は経営に携わりたいのでビジネススクールに通っています。職場に迷惑をかけないようにしますので、ご指導をよろしくお願いします」と頭を下げて、少々回りくどい言い回しをしたほうが誤解されないでしょう。ちなみにこれまでに様々な相手と会食してきましたが、自分の自慢話をする人は意外に少なかった気がします。

どんなに大きな会社の社長でも、あるいは世界的な資格をもった各界のオーソリティでも自己アピールは謙虚でした。そう言えば、自己アピールについて面白い体験をしたことがあります。

10年以上前によくワインを一緒に飲ませていただいた田崎真也氏とカウンターでワインを飲んでいた時の話です。田崎氏は言わずと知れた世界一のソムリエです。ところが、隣で飲んでいた人は田崎氏を知らないようで、横で聞いていたワイン談議に横入りしつつ「お宅はワインに詳しいのだね」と話しかけてきました。すると、そこでの田崎氏の受け答えが洒落ていました。

田崎氏は「割とワイン好きで、よく飲んでいるので、それなりには詳しいかもしれませんね」と自分の肩書を自慢することなく返事をしました。

隣に座っていた人は、その後も「このワインはどんな味わいの特徴があるか教えて」と聞いてきましたが、田崎氏は嫌な顔一つせず丁寧に答えていました。やはり、本当に力のある人はむやみに自慢しないことを痛感させられた出来事でした。さて、みなさんも自分の自慢話はさりげなくするべきです。そのためには、

◆大した話ではありませんが、

◆ちょっとだけ宣伝させていただけるなら、

◆はなはだ僭越ですが、

と謙虚さを示す枕言葉を添えてから自己アピールしてください。それなら、相手から「自意識過剰だ」と敵対的に思われることはないでしょう。

相手を心配する態度で本音を聞き出す

自分の話題よりも相手に対する関心度合いを示す話題を選んだほうが、お互いの距離が近づきます。なぜならば「自分のことを話した分だけ、相手に対し信頼度が高まる」からです。話を聞いてくれたことで、自分のことをわかってくれているという安心感が出ます。例えば、

◆仕事上の付き合いは長いけれど、自分のことを何も知らない人
◆仕事上の付き合いは短いけれど、自分のことを理解している人

であれば、どちらに安心感がありますか？　仕事上の信頼も大きいものがあるでしょうが、悩むところです。むしろ仕事以上に自分のことを理解してもらえている相手に安心感を持つと思います。では、どうしたら相手を理解することができるでしょうか。それには「朝は何時に出社するのですか？」「どんな本を読んでいますか？」「よく飲むお酒の銘柄は何ですか？」と、相手に対する関心度の高さを示す質問をすることです。

ここで大事なことは自分が関心ある質問をするのではなく、相手にとって「聞いて欲しいことは何か？」を考え質問を選ぶことです。可能であれば周囲から情報を入手して相手が聞

いて欲しいドンピシャの質問をしたいものです。

先日、初めてお会いしたPR会社の部長に対し「スポーツ観戦とかお好きですか？　ちなみに野球とサッカーはどちらが好きですか？」と質問しました。プロ野球の話など相手の好き嫌いが分かれる話題で的を外したら危険ですが、この時はフェイスブックでこの部長が熱狂的な千葉ロッテファンであるという情報を入手していましたから、「サッカーはよくわからないけど、野球は大好きで千葉ロッテの試合は年間で10試合くらい応援に行きますよ。ケーブルテレビに申し込んで全試合を録画して観ています」との回答でした。

あとは事前に準備した「ちなみに好きな選手は誰ですか？」「ご家族も千葉ロッテファンですか？」という2つの質問をぶつけました。部長は熱く野球談議をしてくれましたが、我に返って「つい、夢中になって話してしまった。でも、君とは仲良くやっていけそうな気がするな」と好意的な反応をいただけました。また、野球の話しかしていないのに信頼関係がかなり高まっています。やはり、相手の関心があることを質問して答えを聞くことは、有意義な世間話の時間なのです。

さらに、相手を心配するような問いかけをすると、効果的なこともあります。例えば「若手の部下が多いとお聞きしましたが、マネジメント大変じゃないですか？」「異動されてから間もないと、人間関係も慣れるまで気が張りますよね」と相手の仕事ぶりを気遣った質問をすると、「気配りのできる奴だ」と好印象をもっていただけるはずです。

ただし、気配りといっても「風邪ですか？　熱ありませんか？」とまるでお医者さんのような気配りや、第2章に登場した「上司に叱られて凹んでいますよね。元気を出してください」と相手のプライドを傷つけるような気配りはやめましょう。「余計なお世話だ」と叱られてしまうかもしれません。あくまで相手が聞いて欲しい大変さに対し、共感するように気遣った質問を心掛けましょう。

明るい話題で場の空気を和ませる

世の中に噂話が好きな人はたくさんいます。時には職場の人間関係に関する情報が集まることで存在感を示す「社内ＣＩＡ」のような同僚がいたりします。一例を挙げれば、前職の時に雑誌の編集部にいた中堅社員は、いつも職場を観察していて「部長は○○さんが嫌いで、いつも打ち上げの席では離れて座っている」「▲▲さんは管理部の◆◆さんに職場の不満を吐露しているらしい」と、どこから集まるのかガセネタを含めて噂話を集めます。それを小出しし、周囲をかき乱すことで喜ぶ愉快犯的な存在でした。たまには驚くようなネタをもっていたりしますが、そもそも噂話はランチタイムか帰宅途中の居酒屋限定でして欲しいもの。

ところが時折、仕事中に同僚に声を掛けて「そう言えば……○○さんは部長から見切られて大阪に飛ばされるみたいだよ」と、世間話をしてきます。多少は関心があるかもしれませんが、上司や職場の同僚から嫌われないように彼との世間話は避けたほうが得策です。「そうなのですか？」などと耳を立てて聞いていたら、自分も同じように噂話好きと烙印を押されてしまいます。管理職にしてみれば「社内ＣＩＡ」は迷惑な存在にしか過ぎません。「根も葉もない人間関係の噂話で周囲を翻弄するような社員は邪魔」と考えるものだし、人間関係の噂話には何の生産性もないからです。

そんな無意味な話に付き合うより、もっと相手を明るくする世間話をしましょう。一番簡単なのは、相手をほめることができる話題です。例えば「御社の製品が読者人気ランキング1位になったとのこと。おめでとうございます。かなり売り上げにも影響が出ているのではないですか？」と相手にとってうれしい話＝グッドニュースを探してほめる世間話をします。

一般的なニュースで「日本の数学力が大分改善されました。これは素晴らしいことですね」と称えるよりは、相手が当事者であるテーマを用いることが重要です。誰でもほめられればうれしいに決まっています。

「先月より売り上げは2割くらい上がったかな。大した金額ではないけど、社内の開発部門は大喜びだよ」と謙虚に答えようと思いながらも、笑顔を抑え切れない、そんな状態で世間話ができれば、本題も気持ちよく進められるでしょう。

もっとも人をほめるのは意外に難しいものがあります。ほめられて相手が「うれしい」「気分がいい」と思える言葉でなければいけないからです。私の知人でもある祐川京子氏が書いた『ほめ言葉ハンドブック』という本には様々な切り口のほめ言葉が紹介されています。例えば①強み、長所を具体的にほめる、②生き生きする瞬間を探す③ほめようがない時は可能性をほめる、など、心に響くジャストミートするポイントを見つけてほめるには、センスと努力が必要だといいます。

あなたが知りうる相手の情報（ニュース）を使って、相手にとって「喜ばしい」「うれしい」「誇りに思える」ポイントをほめてみましょう。例えば、営業で訪ねた先のお客様に対し「電話した時の対応の丁寧さに感動しました。御社はマナー教育も徹底されていますね」「受付やお茶をもってきていただいた方が気持ちいい接客をされるので感動しました」と、ほめてみましょう。ごく身近な同僚の対応をほめられるとうれしいものです。あるいは、会社でなく、当人ないしは関わる組織に関してほめるのも効果的です。

先日、訪問した外食企業の人事部の担当者に対し「社内の問題をタイムリーに把握されているのに驚きます。どのような観点で組織を見ているのか教えてください。○○さんの存在は会社の財産ですよ」と言ったところ、ニヤリとして「いいところに注目されていますね。実は毎月のように現場の若手社員との意見交換会を企画しています。そこで経営からは見えていない組織の課題を見出せるようにしているのです」とうれしそうに秘訣を話してくれました。おそらくお互いの信頼関係がグッと高まったことでしょう。このように身近な視点から相手をほめれば、より親密な関係になれることは間違いありません。

本題につながるニュースをテーマにする

世間話が本題から極端に外れた話題になると修正が難しくなります。例えば、精密機械メーカーの管理部門と打ち合わせの前に行った世間話の場面です。その会社の駅伝部が好成績を上げたニュースを発見したので「全日本実業団駅伝に出場が決まったとのこと。おめでとうございます」と、お祝いを述べた後に「でも、出場するからには入賞したいですね」と切り出したところ、担当者が熱狂的な駅伝ファンで、全日本駅伝のレース予想を語り始めてしまいました。「これは嫌な予感がする」と思いましたが、時すでに遅し。約1時間、担当者によるレース解説を聞くだけの時間を過ごしました。そして、その後に「是非とも当社の応援をお願いします。時間がなくなってしまったので、詳細の打ち合わせは別の機会にしましょう」と言われ、エレベーターまで見送られてしまいました。

大変、グッタリとする時間となりました。確かに世間話のテーマとして相手が関心のある話題を切り出すのは間違っていません。問題は本題へのつなぎができなかったことです。私もなんとか「そう言えば、前回にいただいた宿題を調べてきました」と、一度は駅伝の話題を遮ってみましたが、「聞いてくださいよ」と相手は気にせず、話が続いてしまいました。ここは強引にでも話を終わらせるべきだったのかもしれません。ただ、相手があまりに熱心に話すので「途中で止めさせるのは申し訳ない」と思ってしまい、付き合ってしまいました。

振り返れば「大変、盛り上がっていますが、続きは別の機会にお願いします」と、仕切ってしまうべきでした。世間話が大きく脱線した時は、無理にでも引き戻すことが必要です。相手に気持ちよく話をしてもらうべきなのは当然なのですが、程度もあります。

このような苦労をせずに世間話をしたいなら、本題と関係する話題を選ぶべきです。これまで何度も登場してきた日本酒、ワイン、スポーツ、おいしいレストラン、旅行など、嗜好性の高い話題は、時として脱線し過ぎる場合が出てきます。先の駅伝も一例ですが「ワイン談議で仕事の話にならなかった」と仕切りに失敗してしまった人はたくさんいるのではないでしょうか？　もちろん、巧みにおいしいイタリアン話を仕掛け、最後には「例の企画はお願いしますね」と一言だけで仕事を決めてしまう人もいます。これが各界のトップセールスだったりします。

もっとも、そんなトップセールスの真似をするのは大変です。巧みに本題に戻し、仕事もバッチリ決めるタイミングとクロージングの一言まで準備が万全だからできるのです。万一失敗したら駅伝のようなケースになってしまいます。嗜好性の高い話題で世間話をするならば、時間管理を徹底しましょう。長くなると盛り上がり過ぎて（違う意味で）収拾がつかなくなる可能性があります。

手堅いのは本題と関係する話題を選ぶことです。例えば、クラウドシステムのサービスを相手に紹介する打ち合わせの前に世間話をするならば、クラウドサービスが普及する様子を紹介したニュースや、新たにクラウドシステムを導入した企業の情報など、本題と近いテーマでニュースを探して題材にすれば、脱線して苦労することはありません。

クロージングの機会や重要なプロジェクトの詰め、時間の再設定ができない、もう先送りできない緊迫した状況で使ってみるといいと思います。なお緊迫した打ち合わせでも世間話は必要です。世間話はお互いが仕事に向き合うまでのつなぎとして重要なのです。

第　5　章

うまくいく世間話のための段取り

基本は冒頭の5分間

世間話は長過ぎてはいけません。本題に十分な時間を取れるように短い話でインパクトを与えたいものです。せいぜい10分、できれば5分で切り上げましょう。ちなみにアナウンサーが1分間で話すのは400文字、5分ならば2000文字となります。原稿用紙で5枚分の会話となるのですから、意外に十分な時間です。研修プログラムの合間に2人1組で「では、3分間世間話をしてください」と時間を設定してみると、意外なことに「すいません。話すことがなくなりました」と時間を使いきれない人がたくさん出てきます。

「プライベートで無駄話するなら、いくらでも時間は使えます。でも、次に仕事が待っていると思うと話が弾まないのですよ」と時間を使いきれない理由を教えてくれた人もいました。

確かに友人との無駄話は楽しくて時間が経つのを忘れてしまいます。

私も学生時代、友人と電話で何時間も話していたことを覚えています。ただ、振り返れば「何を話していたのだろうか」と思い出そうとしても浮かびません。おそらく恋愛や食事が話題になっていたのでしょうが、忘れてしまうくらいの内容だったのでしょう。ただ、こうした無駄話をしている時にはお互いリラックスしていることは間違いないです。

無駄話は「アイスブレイク」と呼ばれるコミュニケーション促進の機能を果たしています。おそらく学生時代の無駄話はアイスブレイクのみが長々と行われている状態だったのでしょう。

ただ、仕事上の世間話はそれだけで終わるわけにはいきません。そこで、持ち時間（今回であれば3分）を大きく3つに分けて使います。まずはアイスブレイク、緊張感を解くのが目的です。

「サムライ・ジャパンが2年ぶりに結成されましたね。テレビを見ましたか？　やはりメジャー組が出ていないと盛り上がらない気がしますよね」と相手に問いかけたり、意見を求めながらお互いの距離を近づけます。

ここで話にゴールを求める必要はありません。学生時代の無駄話と同じように、お互いがリラックスすることだけ意識すれば十分です。そこからあと2つ、オープントーク（視点を合わせる話）、クローズトーク（本題につながる話）です。アイスブレイクとオープントークで2分30秒。クローズトークは30秒くらいのイメージで世間話を展開しましょう。

オープントークは「話が変わりますが」「一ついいですか」「そう言えば」といった言葉をつないで、突入します。ここではやや仕事に近い話題を新聞記事やニュース、あるいは世間の動きなどから取り上げ、「そうですね」「その通り」「同じ意見です」と同意します（何回も登場したイエスの繰り返し）。例えば、小売業の取引先の相手であれば、「円高の影響で小売業の好決算が目立ちますね。御社はいかがですか」と、相手が前向きに答えられる話題を提供しましょう。

あるいは相手のホームページにアップされた情報をテーマに「新会社を設立されたのですね。プレスリリースを拝見しましたが、海外企業と提携した事業展開とは果敢な取り組みですね」と、質問形式の展開もありです。マニアックな情報源を入手し「こんな話題を知っていますか」とひけらかす必要はありません。誰もが知っている、入手が簡単な情報をテーマに世間話をします。

そして残りの30秒が本題に続けるクローズトークです。ここまで広がってきた世間話を本題に向けるきっかけをつくります。強引に「では、本題に入らせていただきます」と切り替えてもいいのですが、できればスマートに話題転換したいものです。ちなみに一番スマートな話題転換は「ところで、本題は何でしたっけ？」「確か、契約書を確認することになっていましたよね」と、相手から本題に切り替えていただけた時です。「そろそろ仕事の話がしたい」と十分に準備が整った合図です。

相手から切り出してもらうためには、「沈黙の時間」が効果的です。あえて数秒間、黙って出方をうかがいます。すると「そろそろ本題に入りましょう」と言い出してくれる可能性が高まります。沈黙は重い雰囲気になると思いがちですが、ここまでで十分、場の空気が温まっていれば、心配無用です。もっともそんな沈黙の時間を使っても話題の転換ができなければ、「さて」「では」と話題転換のきっかけとなる言葉を切り出すか、あるいは「話題は尽きないですが、そろそろ始めましょう」「この続きは改めて。お忙しいと存じますので、本題に入らせていただきます」と促してください。さて、ここまでの所要時間はどれくらいでしょうか。3分は意外と長いと痛感するでしょう。

本題につなげる「仕切り言葉」を準備する

世間話は3分で……と書きましたが、とにかく長くダラダラと続ける人がいます。その理由は「仕切り」ができないからです。仕切りはファシリテーションのスキルに大きく左右されます。ファシリテーションとは会議やミーティング等の場で、発言を促す、話の流れを整理する、お互いの意識を一致させるなど、合意形成や相互理解をサポートすることです。ファシリテーションは与えられた時間内で行うことが前提です。そのため、むやみな雑談や話題の脱線を修正したりすることも求められます。

ファシリテーションの達人として思いつくのは、『朝まで生テレビ』の名司会者、田原総一朗氏です。「はい、その意見は正しい、でも、他の人にも聞いてみよう。○○さん、どうですか?」とテンポよく議論を仕切ることで有名なジャーナリストです。田原氏はもともとテレビのディレクター、映画監督で、キャスターやアナウンサーのような仕切りを本業にしていたわけではありません。テレビ番組に出演することになって、後付けで努力して身につけたスキルなのでしょう。

もっとも、仕事上で田原氏のようなテンポの良い仕切りをしたら「失礼じゃないか」とクレームが上がる可能性があります。『朝まで生テレビ』にパネリストとして出演したある海外メディアの特派員は「司会者というより支配者として(番組を)仕切っている」と批判しています。パネリストが田原氏の気に入らない発言をするとしばしば遮り、「違うって！はいコマーシャル」と番組を中断、コマーシャル終了後には話題を転じる手法を取ります。これは仕事では通用しない仕切りです。ある意味でテレビメディアならではの対応であり、参考にしてはいけないのかもしれません。

では、仕事ではどのように仕切ったらいいのでしょうか？　例えば、切り出した話題について相手の関心が高すぎたため、3分どころか10分以上も経過してしまったとします。打ち合わせの時間は30分しかありません。これ以上、世間話を引き延ばせば、本題を打ち合わせする時間に支障をきたすことになります。

そんな時には「とても興味深い話です。別の機会に詳しく教えてください」と、相手のプライドを傷つけることなく話題を転換する仕切り言葉を使います。あるいは「もっと詳しくお聞きしたいところですが、時間が足りなくなりました」と、自分は聞きたいのですが……と伝えたうえで、話題転換を行います。

ちなみに決してやってはいけない転換の方法があります。それは、時間を気にし頻繁に時計を見たり、机をトントン叩き、焦りをみせたり、もういいですか、と強引に話題を変えるようなやり方です。せっかく盛り上がった会話が逆効果にならないように、気配りの意識を忘れないようにしたいものです。

質問項目を準備する

アップルの故スティーブ・ジョブズ氏のプレゼンテーションを見た（聞いた）ことがありますか？ ユーモアに溢れ、趣旨が明確で、聞いていて心躍るものがあります。「iPod はガムより小さくて軽いのだ」「iPhone 3G。速度は2倍、価格は半分」など、名文句を山のように生み出しました。さらにプレゼンの極意として「ツイッターのようなヘッドラインを作る」など、刺激的なキーワードを数多く提供してくれました。そんなジョブズのプレゼンを真似てみたいと考える人も少なくありません。『スティーブ・ジョブズ驚異のプレゼン――人々を惹きつける18の法則』など、プレゼンの極意を紹介したビジネス書も数多く出版されています。私の周りでも「ジョブズのようなプレゼンがしたい」と、勉強に励む若手ビジネスパーソンがたくさんいます。

先日もある企業の講演で「プレゼンの極意を教えて欲しい」と聞かれたので、逆に「どんなことが知りたいか」と質問すると、「格好いい資料の作り方を教えて欲しい」と答えてくれました。そんな質問に対して私は「一番注目して欲しいのはシンプルなことです。そのためにはプレゼンの前日に何回でも繰り返し緻密な練習をすること」と答えました。そしてジョブズが前日まで何回もリハーサルを行っていたことを紹介しました。すると質問者はきょとんとした顔をしました。おそらく期待していた回答ではなかったのでしょう。繰り返されたリハーサルの合間に、優れたキーワードも生み出されています。優れたプレゼンは一夜にしてならず、なのです。

逆に考えれば、プレゼンは特別なスキルを必要とするものではなく、準備すれば誰でもある程度の成果が出せるものなのです。これはジョブズに限った話でなく、日本でプレゼンの達人と呼ばれている人に聞くと、同じ答えが返ってきます。先日も、プレゼンのノウハウを紹介しベストセラーを出している著者と対談した時、「プレゼンの成否は事前準備の周到さにかかっています。テクニックは二の次」と教えてくれたのが印象的でした。

さて、プレゼンだけでなく世間話も同じです。世間話は事前準備をしっかりすれば誰でもできるものです。例えば、打ち合わせで会う相手を想定し、「何を話すか」「テーマは何にするか」などを考えて、話すべき内容を準備することが重要です。さらに言えば、リハーサルをしておくと成果は確実なものになるでしょう（この点は後述）。

そうは言っても「世間話の準備をする人なんていないでしょ」と思うかもしれません。が、それは大間違いです。世の中で活躍するトップセールスは世間話の準備を怠らない人ばかりです。

雑誌の取材で対談した際に、ベンツを日本で一番売る人、ギネスブックに載った保険セールスの方々に世間話をどのように捉えているかと訊ねてみたところ、「仕事の9割は世間話。とても重要な仕事です。相手に合わせてバッチリと準備をします」と語ってくれました。ある保険セールスの方は翌日に訪問する相手の情報をアシスタントに準備させ、個別に「どんな世間話をするのか早朝に時間をかけて考える」とのことでした。

この方が言うには、営業の仕事は相手が自分に対して関心を示してくれるまでが勝負で、関心を持ってもらうきっかけは商品・サービスの説明では無理で、人間的な魅力を示せる世間話しか手段はないとのことです。だから相手によって話題を考え、真面目に世間話に取り組んでいるのです。

そんな世間話の準備で大事なのは「何を話すか?」ではなく「何を聞くか?」。これまで書いてきたように質問をきっかけに世間話は展開していきます。だから、話題の合間に切り出す質問項目をしっかりと準備しておく必要があります。

例えば、あなたが食品商社を訪問するとします。農作物を輸入し国内で販売する事業なので、オープントーク(視点を合わせる話)としてTPPをテーマにすることにしました。当日の日経新聞にはTPPが大きく取り上げられていたので、切り出すには自然な話題という確信がありました。

ただ、ここで「TPPとは太平洋周辺の国々の間で、ヒト、モノ、サービス、カネの移動をほぼ完全に自由にしようという国際協定。アメリカのオバマ大統領が参加の意向を表明したことから、新たな自由貿易の枠組みとして注目されています」と内容を説明しても意味がありません。TPPについてお互いに理解していることが前提ですから、「何を知識自慢しているの?」と思われるだけです。TPPを題材に相手の関心度の高いテーマの質問をし、お互いの意識を揃えましょう。

例えば「TPPへの参加は避けられない問題ですから、それを前提にビジネスの枠組みを考える必要が出てきました。ちなみに御社ではどのような対策を講じておられるのでしょうか?」などの質問をします。単に安く輸入できるから問題なしとはいきません。中長期的に対策を講じる必要がありますから、そんな視点から質問をぶつけると「さすが、視点が鋭い」と評価を上げる機会にもなることでしょう。

逆に「関税が撤廃されたら、儲かって仕方ないですね」と質問すれば、「そんな安易な問題ではない。不謹慎だ」とお叱りを受けてしまうでしょう。質問に対するセンスが問われることを自覚して考えて欲しいテーマです。

合間にほめる

世間話を盛り上げるために大事なのは、合間に相手をほめることです。特に質問に対する回答を受けて「素晴らしいお答えにビックリです」と称えることが一番効果的です。仕事上の世間話で相手をほめるのですから、「背が高い」とか「男前」とか身体的な特徴をほめても意味はありません。センスを感じる、期待に応えた、ユニークさがあるなど、相手の志向や発想などをほめることが大事です。そのようにほめられたら相手はうれしいもの。世間話のテンポは弾み、本題に向けて気持ち良く展開することでしょう。

一方で、もったいないほめ方もあります。例えば、私が取材した事務機器営業のSさん（26歳）は、相手に対して「年度末が迫ってきました。年度末に向けてお忙しいことって何ですか？」と質問したところ、「そうですね。暇な時間などないですが、新規事業を立ち上げないと既存のビジネスだけでは後退がみえています。いろいろ海外のビジネスを情報収集するのに時間をかけていますよ」と答えが返ってきました。

Sさんは自分の膝をポンと叩いて「最近は戦略を考えられる人しか次世代のリーダーになれないと言われています。目の前の仕事だけじゃなく、将来を見据えた視点でビジネスを捉えていきたいものです。先ほどの発言は将来を見据えていると感じました。素晴らしい」と相手の取り組みを称えました。

ただ、あまりに回りくどいので相手にはほめていることが伝わらなかったようで、「時間がないので本題に入りませんか？」と切り出されてしまいました。ここまでの世間話ではお互いの距離を埋める効果が低かったようです。

振り返れば、途中まではよかった。ところがほめ方がもったいないのです。ここは「大したものだ」「それは素晴らしい」「さすがの視点です」と、コンパクトに、合いの手のような勢いのあるほめ方であれば会話は弾んだはずです。

少々脱線しますが、歌舞伎では芝居の雰囲気を盛り上げる、「大向う」と呼ばれる観客がいます。「成田屋！」「ご両人」と声をかける役目です。役目と言うか、もとは自然発生したものがそれがなくては舞台が展開しなくなるほどの存在でもあります。実際に歌舞伎を観に行くと、その掛け声のタイミングはプロとしか思えません。そんなタイミングの妙を世間話の合間に活かしたいものです。

さて、ほめ言葉はコンパクトで嫌味がなく、それでいて言われてうれしいものでなければなりません。先ほどの3つに加え「なるほど、その手がありましたか」「ご指摘の通りです。するどい」くらいの長さであれば、テンポよくほめることができます。ほめられた相手は照れ笑いを浮かべたり、「とんでもない」と謙遜するはずです。そんな状態になってくれればお互いの距離がグッと近くなるはずです。

しぐさを見逃さない

世間話に夢中になって相手の表情やしぐさが見えていない人がいます。確かに会話が盛り上がると、話している中身にばかり関心が向かいがち。しかし、第2章で触れたように、実際の会話は話している相手のしぐさや声質（大きさ、テンポ、特徴）などのほうが印象に残ります。逆に言えば、相手の発言以上に表情やしぐさに注目していれば、世間話を「興味を持って聞いている」のか「早く終わらせて欲しい」と本音では思っているのか明らかになります。そもそも仕事上の会話ですから、「つまらなさ過ぎる」「もう、勘弁」とは口に出しません。「そうですね」とお茶を濁すのが常套手段です。

つまらない会話をしている状態では、不思議と「そうですね」「そうかも」「そうですか」と肯定とも否定とも言えない返答になるものです。そんな返答をしている人は「もはや何も聞いていない、早く終わらせて欲しいから突っ込まれたくもない」と感じているはず。この状態の世間話は弾んでいませんから、本来の目的をまったく果たしていません。むしろ気分を害していて、本題でもいい状態には展開しないと思います。

そこで挽回策が必要になりますが、まずはネガティブな心持ちで世間話を聞いているのかどうか、シグナルを見つけましょう。「そうですね」と答えている相手の表情・しぐさに注目してください。ポイントは3つです。手（腕組みをしている）、顔（眉間にしわが寄っている）、目（目線を合わせない）。どれか当てはまる状態であれば、相手の心持ちはネガティブであるはず。世間話は弾んでいない可能性が高いと思ったほうがいいでしょう。

では挽回策を考えましょう。話題を変える（関心が低いテーマの場合）、笑いを取る（つまらない話題に飽きた場合）、質問を増やす（一方的に話している場合）などの方策があります。私も打ち合わせの時に相手のしぐさをチェックし、「これは世間話が弾んでいないな」と気づいたことが何回もあります。最大の原因は話し方が早過ぎて相手が聞き取れなかったのです。私はもともと早口なタイプなので、日頃注意しているのですが、話題にのめり込んでしまった時にマシンガンのようにまくし立ててしまいました。

それに気づいたのは相手が話を聞きながら「聞き取れない」と強く眉間にしわを寄せたからです。これではまずいと、軌道修正し大幅なスローダウンを図った話し方に変えました。すると、聞いている表情がみるみる豊かになり、笑顔にもなりました。世間話もあくまで言葉のキャッチボールです。相手の話すテンポに合わせる意識を忘れないようにしたいものです。

相手の話すテンポに合わせるための工夫として「呼吸するスピードを観察し、同じスピードで呼吸する。それから話を始める」のが効果的とも言われます。前のめりになって早口になる傾向がある方は試してみてください。

台本（シナリオ）を作成する

映画の台本も昔は、撮影しながら作成された時代があったそうです。韓流ドラマは週に2回放送されるため、撮影現場で作家が台本を書きながら進行する場合があると聞いたことがあります。それだけドタバタ状態の「鉄火場」なのでしょう。世間話の準備も同じように多忙な仕事の合間に行うので、大幅に時間をかけて段取りするのは無理があります。それでも、ぶっつけ本番はさけるべきです。スティーブ・ジョブズのケースで紹介したように、準備し練習をしておくことで成果が劇的に変わるからです。

そこで短時間に効率的な準備をする方法を紹介しましょう。大事なことは打ち合わせ前の準備です。打ち合わせは絶対に準備なしで入らないこと。5分間でいいのでこれから話す世間話の段取りを整理する習慣をつけましょう。

例えば、営業職であればアポイントの10分前に相手のオフィスに到着し、「さて、どのように世間話をしようか？」とシナリオを考えます。

前日に考える時間が取れればいいのですが、毎日の仕事で続けられますか？　可能ならいいですが、前日、疲れた状態で世間話の話題を考えるのは少々つらいものがあるかもしれません。アポイントの直前に「準備タイム」を設定するほうが続けられる可能性が高いと思います。この短い時間で頭をひねって企画を考えます。考えるテーマは以下の3つです。

◆狙いはどこにあるのか？
◆何をテーマに話すのか？
◆どのように本題につなぐか？

これらを想定しながら3分間のシナリオを考えましょう。この地道な準備時間を繰り返し設定し続けることで、徐々に質の高い世間話が提供できるようになるでしょう。継続こそ本当の成果を導き出します。

では、世間話のテーマをどのようにして集めたらいいのでしょうか？　まずは世間話のテーマとするネタを忘れないように書き留めるネタ帳を準備してください。そして毎朝、前述したように日経新聞、テレビの情報番組、ネットで配信されるニュースをチェックします。「これは打ち合わせで使いたいニュースだ」と、ネタ帳に書き留めます。ただし、漠然とニュースの内容だけ押さえても意味がありません。大切なのは「聞きたいことを探す」観点でチェックし、質問を考えることです。

例えば、「東京株式市場は全面高の展開となり、日経平均株価（225種）は一時、約7カ月ぶりに1万円台を回復した」という記事を見つけたとしましょう。この記事をチェックしておいて「株価が回復してきましたね」と世間話を切り出すだけなら、「いいことじゃないですか」で同意されて終了です。まったく広がりのない話題提供に終わります。

ところが視点を変え「相手に聞きたいこと」を考えて質問をしてみます。「株価が回復してきましたね。御社の業績に影響はあるのでしょうか」。相手は「メーカーの業績が戻ってきたと判断すれば、当社にもプラスの状況と言えますね」と、話が弾むはずです。さらに、質問する時には自分が朝の情報番組の総合司会で、相手がコメンテーターだと思えば、ユニークで的を射た質問が考えられるかもしれません。

例えば、『とくダネ！』の小倉智昭氏になった気分になれば、「どう、デーブ（スペクター）。円高でも国際競争できる力強さが日本経済に戻ってきたのかな？」と（慣れ慣れし過ぎてはまずいですが）、気の利いた質問を考えられるかもしれません。そんな遊びの精神を持ったほうが気の利いた世間話を思いつけるのではないでしょうか？

ロールプレイをやってみる

前職のリクルート社において、若手営業の育成手段と言えばロールプレイでした。略して「ロープレ」です。現場で滑らかなトークをするため、先輩社員が後輩の営業トークを聞いて指導する手法です。例えば、「いいかい。私は気難しい総務部長を演じるから、君はその気難しい相手の気持ちを解きほぐすように話してみてくれないか？」と、まず条件設定を行います。大抵の場合、先輩には手のかかる相手を演じてもらいます。

普段はやさしい先輩かもしれませんが、後輩はそのことを忘れて実際に手強い相手と接しているつもりで対応します。笑顔で相手をほめたりしながら、商品説明に持ち込みます。大抵のロープレは5分程度と時間を決めます。そして時間になれば「終了」と関係者から声がかかり、後は先輩からの総評をもらいます。

「いくらなんでも媚びすぎだよ。もっと堂々と対応していい。それと笑顔が硬い。それから言葉尻に出る『みたいな』は軽く思われるからやめたほうがいい」と、次々にダメ出しをされます。このダメ出しを踏まえ、次回以降の営業活動で改善します。仕事の場面での話しぶりは無意識に癖が出てしまうものです。話すテンポや、抑揚、話題を転換するタイミングなど、自分で「できている」と思っていてもロープレをすると、「修正すべき点」がいくつも発見できます。

可能であれば年齢に関係なくロープレをして、修正点を導き出すのは必要なことです。もっとも経験が長いビジネスパーソンにとっては、これは照れくさく、プライドが許さないと思う人もいるはずです。だから、ロープレと言えば、若手が学びに使う手段と思われてしまいました。これは少々残念なことかもしれません。

世間話もロープレをしてみると、うまくできない人にたくさん遭遇します。本当はすべてのビジネスパーソンにロープレを試してもらえたらいいのですが、難しいでしょうから、まずは若手の指導に活用してみてください。

ロープレにおいては、持ち時間（約3分）、場面設定、相手の立場・気質くらいを決めて

「この人の話を聞いてみたい」と思わせることを目的に、世間話をしてもらいましょう。そして、終わった後は忌憚ない感想を伝えてください。

「独りよがりで、もう会いたくないと思った」「笑顔が素敵で、また会いたいと感じた」といった相手視点の意見に加え、「表情が暗くて同じ場所にいるのが嫌になった」とか、「髪の毛に手をもっていくのはうざい……」など、さりげないしぐさが相手の好感度、悪印象を決定していることにも気づいてもらうため、事細かな指摘をすることも重要です。こうした気づきの機会を設けると誰でも世間話を弾ませることができるようになるはずです。

おわりに

本書を執筆するにあたって、大企業役員、ベンチャー企業社長、弁護士、芸能人、若手ビジネスパーソンなどなど数多くの方々に、世間話の必要性について質問をしました。すると各界で活躍する人の大半は「世間話が重要」と断言してくれました。しかも、かなり強く（年齢はあまり関係ないようです）。

例えば、20代中盤で会社を経営するDさんは「世間話でしか相手の本質は見抜けないと思っています。だから、あえてくだらない話題を振って反応を見ています」と答えてくれました。例えば、テレビなど観ていないような相手に対して「AKB48で誰が好き？」と質問し、「誰も知りません」と関心を示さない人、「前田なにでしたっけ？　センターの女性がいいですね」と、努力してついてこようとする人、「Dさんは誰が好きですか」と逆質問してくる人、この回答で「どんなタイプの人物か、一緒に仕事をしてみたいか否か？」を見極めるそうです。

ちなみにDさんは「努力してついてくる人」は秘書タイプ、「逆質問する人」は参謀タイプとして付き合うそうで、関心を示さない人とは二度と会わないとのことです。何気ない世間話でビジネスチャンスが変わってくることがあるのです。恐ろしいですね。

また、大手情報システムの社長室に勤務するSさん（52歳）は、初対面の相手に対し、必ず「最近のマイブームを聞かせて」と大まかな話題の世間話を始めます。すると質問の意図を測りかねて、「どのように答えたらいいのでしょうか？」と聞いてくる人がいるようです。そんな場合は「あなたの好きに答えてください」と返されるので、結局はフリーハンドで回答するしかありません。

こうした質問の仕方を「オープン・クエスチョン」といい、「イエス」「ノー」で答えられる「クローズド・クエスチョン」に比べ、相手に答えを委ねることになります。

「別にありません」「最近はドライブが好きです」「週末にジョギングしています」と答えた内容に続いて、たとえば「最近はイチゴ狩りに凝っていて静岡によく行きます。静岡と言えば鰻。ついでにおいしい鰻屋を見つけたので必ず立ち寄ります。その店の名前を教えましょうか？」と、いかに興味をそそる話題を提供してくれるかを、仕事で付き合う判断材料にしているとのことです。当然ながらSさんも「仕事で世間話は重要」と力説してくれました。

このように仕事をする相手を選べる立場になると、世間話を「人を見極める」判断材料に使うことが多くなります。ですからなおさら重要性を痛感できるのかもしれません。一方で、選ばれる立場にある現場のビジネスパーソンにしてみれば、「世間話より、本題で勝負したい」と思う気持ちもわかります。

私も多忙だった営業時代、世間話の準備をするくらいなら、訪問件数を増やして業績を上げるべきだと考えたことがありました。いくら世間話の重要性を謳われても、無駄なものに思えました。なぜなら現場の打ち合わせでは世間話をしなくても仕事が回るからです。いきなり「では、プロジェクトの進捗確認をしましょう」と本論から突入しても、問題は起きないように思えます。だから、仕事が世間話で決まると言われてもにわかに信じがたいのかもしれません。

しかし、相手を選べる立場の人々は世間話が必要と考え、世間話を仕事の判断材料に加えているのは事実です。ですから、あなたが高いレベルで活躍したいと願うなら、世間話を巧みに操る能力を身につけましょう。

例えば、営業職であれば、

◆典型的な御用聞き営業でいい→世間話は不要かも
◆新規開拓の営業で活躍したい→世間話で信頼獲得が必要
◆大きな提案を営業でしたい→世間話で情報収集が必要

となります。

仕事が高度化すればするほど、世間話をしないと成果を導き出せないのです。

さて、「世間話は不要」と答えてくれた人もいます。本書にもたくさん登場しましたが、本書を読んでネガティブな意識を払拭できたでしょうか？

もっともネガティブ派を少々弁護すれば、「これまで世間話をする機会にあまり恵まれなかったから、必要性を感じられないんだ」ということかもしれません。インターネットが普及し、ビジネスのコミュニケーションも大きく変化しました。個人が注文する野菜や本やCDだけでなく、会社が購入する備品やパソコン、事務機器もサイトにアクセスして必要な数を入れれば、会話なしに翌日には配達されます。また社内の通達業務、簡単な確認事項などはメールで済むようになりました。

メールによる実務的な連絡、対面しないで済む仕事が徐々に増えてきました。こうした仕事では世間話はまず必要ありません。そんな仕事ばかりしていて対面仕事をする機会が大幅に減ったビジネスパーソンも増えています。「対面での打ち合わせを減らすこと。メールの活用を前提にしてください」という職場もあるとのことです。そもそも打ち合わせのスペースをコスト削減によってなくしたことに始まっているそうですが、その結果、仕事の効率は下がってしまったようです。

いずれどこかのタイミングで対面の打ち合わせの重要性が再認識されると思います。かつて誰もが当たり前にできていたコミュニケーションのスキルが低下しているのは間違いないようです。でも、これは時代の流れであり、致し方ないことかもしれません。

とすれば、足りない経験を補うために、本書のようなビジネス書を読んで世間話のやり方を覚え、実践をしていただければと思います。そう考えれば、世間話だけで1冊の新書が書かれるのは時代の必然なのかもしれません。

本書も終わりが迫ってきました。この企画を実施するにあたってご尽力いただいた日本経済新聞出版社の桜井さんをはじめ、数多くの方々に支えられて出版にこぎつけました。ここに御礼を述べさせていただきます。ありがとうございました。

２０１２年３月

高城　幸司

高城幸司　たかぎ・こうじ

1964年生まれ。同志社大学文学部卒。87年リクルート入社。通信・ネット関連の営業で6年間トップセールス賞を受賞。独立起業専門誌「アントレ」を創刊、事業部長、編集長を歴任。05年に人事戦略コンサルティングを手掛ける株式会社セレブレインを設立、代表取締役社長に就任。著書に『トップ営業のフレームワーク』『新しい管理職のルール』など多数。

日経プレミアシリーズ　159

仕事《しごと》の9割《わり》は世《せ》間《けん》話《ばなし》

二〇一二年五月　八日　一刷
二〇一二年七月一七日　五刷

著者　高城幸司
発行者　斎田久夫
発行所　日本経済新聞出版社
http://www.nikkeibook.com/
東京都千代田区大手町一―三―七　〒一〇〇―八〇六六
電話（〇三）三二七〇―〇二五一（代）

装幀　ベターデイズ
印刷・製本　凸版印刷株式会社

ISBN 978-4-532-26159-7　Printed in Japan

日経プレミアシリーズ157

「すみません」の国

榎本博明

実は迷惑なのに「遊びに来てください」と誘う、「それはいいですね」と言いつつ暗に拒否している、ホンネトークと銘打って本当のホンネは話さない……。なぜ日本人はこれほどわかりにくいのか？　国際社会でも読み取りにくいとされる日本ならではのコミュニケーションの深層構造を心理学者が解剖する。

日経プレミアシリーズ139

「上から目線」の構造

榎本博明

目上の人を平気で「できていない」と批判する若手社員、駅や飲食店で威張り散らす中高年から、「自分はこんなものではない」と根拠のない自信を持つ若者まで――なぜ「上から」なのか。なぜ「上から」が気になるのか。心理学的な見地から、そのメカニズムを徹底的に解剖する。

日経プレミアシリーズ152

会社人生は「評判」で決まる

相原孝夫

ある企業の無役職の社員について人事部いわく、「あの人は、評価はともかく、評判が……」。組織内における「評判」とは何か、どう作用するのか、高め、維持するにはどうすべきか。多くの企業人事を見てきたコンサルタントが具体例を踏まえ、わかりやすく解説する。

日経プレミアシリーズ122

人事部は見ている。

楠木新

人事評価や異動は、実務ベースではどう決まっているのか——。一般社員がなかなか知ることのできない「会社人事のメカニズム」「人事部の本当の仕事」などを、大手企業で人事に携わった著者が、自身の経験と人事担当者への取材をもとに包み隠さず書き尽くす。

日経プレミアシリーズ116

仕事オンチな働き者

山崎将志

なぜピントのずれた努力を重ねてしまうのか。仕事オンチを脱却するためには、定数aの正しい理解が必要である——洗濯機のガタガタから学ぶヒットの法則、〝人気女優似〟に知るブランド力、話がつまらない人の残念な特徴など、ビジネスシーンその他で使える身近なヒントを紹介する。

日経プレミアシリーズ138

弱い日本の強い円

佐々木融

為替相場は国力を反映する。日本の財政赤字拡大で円は売られる。人口が減る国の通貨を買う理由などない——もっともらしい解説にだまされてはいけない。大震災直後に円高が進んだのはなぜ？大規模介入も効果がなかったのはどうして？　第一線の人気アナリストがわかりやすく説く相場変動の本当の理由。

日経プレミアシリーズ005

バカ社長論

山田咲道

電気代節約で赤字が増えた、デキる社員に仕事を振ったら売上が減った……。会社の不調の原因は、いつだって社長や管理職のデタラメな判断・行動にある。会計士の視点から、会社が犯しがちな間違いを挙げ、「こうすれば、もうかる」シンプルな理論を説く。

日経プレミアシリーズ049

ダメ上司論

山田咲道

赤字会社の独特の文化とは？　なぜ優秀な社員がやる気を失うのか……。働きづらい職場の陰にダメ上司あり。多くの現場を観察した会計士が、身近にいるマネジャーの間違った行動を正し、正しい「管理」によってもうかる組織の論理をわかりやすく説く。

日経プレミアシリーズ054

会社が嫌いになったら読む本

楠木新

この会社で働き続けていいのか――。自ら「うつ状態」で休職を経験した著者が、「こころの定年」を克服した二百人へのインタビューから見つけたこと。組織に支配された他律的な人生を、ゆっくりと自分のもとに取り返すヒント。

日経プレミアシリーズ069

バブルは別の顔をしてやってくる

熊野英生

バブルは何度でもやってくる。過去とは異なる様相で――。世界各国が実行した低金利誘導、財政出動が投機マネーを再び勢いづかせる。世界金融危機の記憶もさめやらぬうちに、人類はまた過ちを繰り返すのか？　人気エコノミストが、中国、新興国、資源価格、環境分野など新たなバブル経済の可能性を徹底分析する。

日経プレミアシリーズ113

世界経済のオセロゲーム

滝田洋一

日本を筆頭に先進国を覆うデフレと高齢化、新興国で進むバブルと政治変革のドミノ、つばぜり合い続く米中――。明と暗がめまぐるしく入れ替わる世界は、まるでオセロゲームのようだ。経済とマーケットをにらむ日経記者が、Gゼロ＝リーダー大空位時代の世界を読む。

日経プレミアシリーズ019

食でつくる長寿力

家森幸男

豆腐をファストフードのように食する中国貴州省の村、発酵した牛の乳を二、三リットル摂るマサイ族、野菜や果物をたっぷり食べるエクアドルやグルジアの長寿の里――。世界二十五カ国六十一地域の食事事情を調査してきた「冒険病理学者」が、健康に長生きができる食事、食生活の秘訣を紹介。

日経プレミアシリーズ 078

人材の複雑方程式

守島基博

成果主義の時代こそフォロワー育成が必要、人的ネットワークが持つ経営上の価値に注目すべき――。様々な人事のジレンマに直面している日本企業。従来の強みを生かしつつ変わるためにはどのような発想が必要かを、人材マネジメントの第一人者が明快に解説する。

日経プレミアシリーズ 086

人口負荷社会

小峰隆夫

人口に占める働く人の割合の低下が経済にマイナスに作用する、人口負荷社会が到来する日本。少子高齢化先進国として、その動向はアジア各国からも注目されている。人口オーナス（負荷）がもたらす難問をていねいに解説し、どのような処方箋が考えられるのかを、論理的に解説。

日経プレミアシリーズ 092

2020年、日本が破綻する日

小黒一正

公的債務が膨らみ続ける日本……。財政は債務超過状態に陥り、破綻の危機が迫る。残された時間は少ない。どんな手を打つべきなのか。気鋭の研究者が、財政危機の現状を詳細に説明し、社会保障制度改革など再生のプランを具体的に提案する。

日経プレミアシリーズ135

サボる時間術

理央 周

忙しく働いているのに、結果が出ない。重要な案件が、いつも「やっつけ仕事」になってしまう……。仕事に追われずに、限られた時間で成果を最大化するには、まず「サボる時間」を確保しよう。多くの外資系企業で働いたマーケターが提案する、逆転発想の時間のとらえ方、使い方。

日経プレミアシリーズ126

ユーロ・リスク

白井さゆり

ギリシャ、スペイン、ポルトガル――欧州で財政危機に瀕する国が続出している。共通通貨ユーロの採用国の財政基盤は安定しているのか。リスクの高低に応じてユーロ圏を三つのグループに分け、主要国の現状を概観するコンパクトでわかりやすい現代欧州入門。

日経プレミアシリーズ140

「IT断食」のすすめ

遠藤功・山本孝昭

大量のゴミメールに、時間ばかり取られるパワポ資料。現場を忘れた技術者に顧客と会わない営業マン――生産性を向上させるはずのITに、みんなが振り回され、疲弊している不条理。深く、静かに進行する「IT中毒」の実態を明らかにし、組織と現場の力を取り戻す方法を解説する。

日経プレミアシリーズ046

リンゴが教えてくれたこと

木村秋則

自然には何一つ無駄なものはない。私は自然が喜ぶようにお世話をしているだけです――。絶対不可能と言われたリンゴの無農薬・無肥料栽培を成功させ、一躍時の人になった農業家が、「奇跡のリンゴ」が実るまでの苦難、独自の自然観、コメや野菜への展開を語るとともに、農薬と肥料に依存する農のあり方に警鐘を鳴らす。

日経プレミアシリーズ038

よく笑う人はなぜ健康なのか

伊藤一輔

「笑う門には福来る」って本当？ 吉本興業のお笑いを見たらガン細胞を攻撃するNK細胞が動き出した。落語を聞いたら関節リウマチの炎症が和らいだ――。笑いの健康効果に着目するドクターが、数々の実験、臨床例を紹介しながら人の心と身体の謎に迫る。

日経プレミアシリーズ074

恋する骨董

冨永民雄

古美術・骨董品との出会いは恋愛と同じです。サラリーマンコレクター出身で、現在は銀座の名店「古美術桃青」の主人が、買う側、売る側双方の立場から、蒐集の裏話、お店でのマナー、目利きになる方法まで、初心者向けに手ほどきします。古美術・骨董業界の一面を描くミニストーリー付き。